L'encyclopédie du bricolage

BLACK&DECKER®

Électricité

 Broquet

151-A, boul. de Mortagne, Boucherville, Qc, J4B 6G4
Tél. : (450) 449-5531 / Fax : (450) 449-5532
Internet : http://www.broquet.qc.ca
Courriel : info@broquet.qc.ca

Contenu

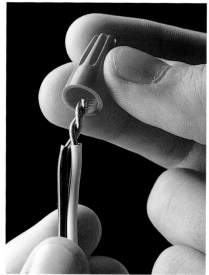

Données de catalogage avant publication (Canada)

Vedette principale au titre :

Électricité

(L'encyclopédie du bricolage)
Traduction de : Basic wiring & electrical repair.
Comprend un index.

ISBN 2-89000-519-4

1. Installations électriques intérieures - Manuels d'amateurs.
2. Installations électriques domestique - Manuels d'amateurs.
I. Black et Decker Corporation (Towson, Mar.).   II. Collection :
Encyclopédie du bricolage (Boucherville, Québec).

TK9901.B3914 2001   621.319'24   C00-942310-9

© Creative Publishing International, Inc. 1990
all rights reserved
Cette édition en langue francaise est publiée par
©Broquet Inc. avec l'assistance de Jo Dupre BVBA
Copyright © Ottawa 2001
Dépôt légal — Bibliothèque nationale du Québec
2ᵉ trimestre 2001

ISBN 2-89000-519-4

Révision : Andrée Lavoie
Infographie: Antoine Broquet, Brigit Lévesque
Éditeurs : Antoine Broquet, Marcel Broquet

Pour l'aide à la réalisation de son programme éditorial, l'éditeur remercie :
Le Gouvernement du Canada par l'entremise du Programme d'Aide au
     Développement de l'industrie de l'Édition (PADIÉ);
La Société de Développement des Entreprises Culturelles (SODEC);
L'Association pour l'Exportation du Livre Canadien (AELC).

Avant-propos

Électricité est un guide complet et pratique qui vous aidera à mieux connaître et à comprendre les éléments du système électrique de votre maison. Écrit dans un langage simple et précis, il est illustré de centaines de photographies en couleurs qui vous permettront de suivre, pas à pas, chacune des étapes des réparations électriques. Les nombreux conseils et mises en garde ont pour but d'assurer votre sécurité et celle de vos proches.

En première partie, vous trouverez toutes les informations pertinentes concernant l'alimentation électrique et les prises, distributrices du courant. De l'identification des problèmes à leur solution, des différents types de prises existantes à la manière de les brancher, vous serez en mesure de prendre les décisions qui s'imposent pour rendre votre environnement électrique adapté à votre confort, à vos besoins et conforme aux normes.

Sans perdre le fil, vous pourrez bénéficier d'une foule de renseignements et de trucs qui vous permettront de garder en bon état vos appareils d'éclairage incandescents ou fluorescents. Le vieux lustre de Cristal retrouvera aussi son éclat et la lampe encastrée se fera discrète. La réparation et le remplacement des douilles et des interrupteurs vous deviendront familiers. Les techniques de réparation sont abondamment illustrées et accompagnées de conseils pertinents.

Si la modernisation de vos thermostats est un sujet chaud, vous trouverez ici la façon d'installer des dispositifs électroniques vous permettant de faire des économies et d'augmenter votre confort. Vous n'aurez plus qu'à réparer la sonnette pour que vos visiteurs soient tout à fait à l'aise.

Avis aux lecteurs

Toutes les informations contenues dans ce livre sont données à titre indicatif. Il est entendu que le Code de l'électricité de votre région prévaut sur tous les renseignements présentés dans ce volume. L'éditeur et Black & Decker^{Mc} ne pourraient être tenus responsables des erreurs, dommages à la propriété ou blessures qui résulteraient d'une mauvaise utilisation des informations et conseils contenus dans ce livre. Veuillez noter que tous les travaux d'électricité doivent recevoir l'approbation d'un maître-électricien agréé et que de nombreux travaux ne peuvent être effectués que par un électricien.

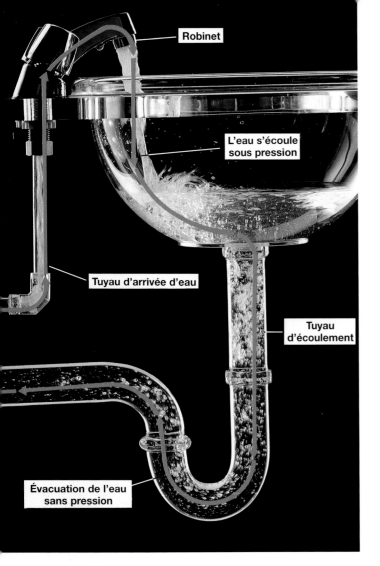

Robinet

L'eau s'écoule
sous pression

Tuyau d'arrivée d'eau

Tuyau
d'écoulement

Évacuation de l'eau
sans pression

Comprendre l'électricité

En comparant le systeme electrique de votre maison à celui de plomberie, on comprend plus facilement son fonctionnement. Effectivement, le courant électrique circule dans les fils un peu comme l'eau dans les tuyaux. L'électricité se déplace dans des circuits qui la distribuent dans toutes les pièces de la maison. Elle peut ainsi alimenter différents appareils.

En plomberie, l'eau circule grace à un Système d'alimentation sous pression. Dans le cas de l'électricité, le courant se déplace en premier lieu le long des fils thermiques dits «vivants». Tout comme l'eau, le courant électrique circule sous pression. La pression du courant est appelée voltage.

Les plus gros tuyaux transportent plus d'eau que les petits. De la même manière, les gros fils électriques conduisent plus de courant que les petits et cette capacité est représentée par l'ampérage.

On obtient de l'eau par le biais des robinets, de la douche, et des appareils. L'électricité est fournie par les prises, les interrupteurs et les différents appareils.

L'eau quitte la maison par un système de renvoi non pressurisé. Le courant électrique, lui, emprunte les fils neutres pour sortir de votre demeure, Le courant circulant dans ces fils n'étant pas sous tension, son voltage est nul.

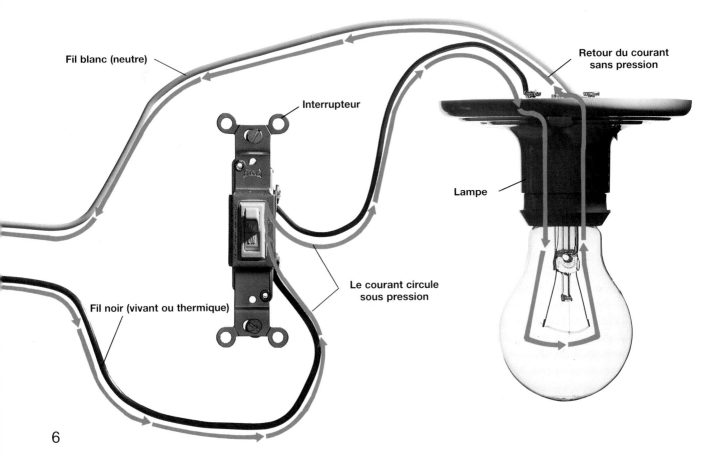

Fil blanc (neutre)

Retour du courant
sans pression

Interrupteur

Lampe

Le courant circule
sous pression

Fil noir (vivant ou thermique)

Glossaire des termes d'électricité

Ampère (A) : unité de mesure d'intensité du flot d'électricité qui se rend à une lampe, un outil ou un appareil.

Boîte : là où les fils d'un circuit doivent être raccordés à un interrupteur, une prise ou un appareil d'éclairage, de même que les branchements de dérivation. Les connexions doivent être placées dans une boîte de métal ou de plastique.

Borne : l'endroit où sont branchés les fils dans une prise, un interrupteur ou un appareil.

BX : deux ou plusieurs fils se trouvant dans une gaine métallique blindée et flexible.

Câble : deux fils ou plus, regroupés à l'intérieur d'une gaine.

Circuit : boucle continue parcourue par le courant électrique le long de câbles et de fils.

Conducteur : toute matière qui permet à l'électricité de circuler. Le cuivre s'avère un excellent conducteur.

Compteur : appareil servant à mesurer la quantité d'électricité consommée.

Conduite : tuyau de plastique ou de métal servant à protéger les fils.

Continuité : circulation électrique ininterrompue à travers un circuit ou un appareil électrique.

Courant : mouvement des électrons le long d'un conducteur. Le courant provoque de la chaleur, du mouvement ou de la lumière.

Court-circuit : mauvais contact ou contact accidentel entre deux fils transportant de l'électricité, ou entre un fil transportant de l'électricité et un fil de mise à la terre.

CSA : certification de l'Association canadienne de normalisation (Canadian Standard Association), laquelle effectue des tests de sécurité sur les matériaux et appareils électriques.

Disjoncteur : dispositif de sécurité qui coupe le courant électrique s'il y a une surcharge ou un court-circuit.

Fil d'alimentation : conducteur qui transporte un courant de 120 volts sans interruption à partir du tableau de distribution.

Fusible : dispositif de sécurité qui interrompt le courant en cas de surcharge ou de court-circuit.

Fil de mise à la terre : fil qui sert à conduire le courant à la terre lors d'un court-circuit. Il s'agit souvent d'un fil de cuivre dénudé.

Fil Thermique (vivant) : tout fil qui est sous tension, qui transporte du voltage. Il porte généralement une gaine noire ou rouge.

Fil neutre : fil qui ramène le courant sans voltage à la source d'alimentation. Il est habituellement recouvert de blanc ou de gris pâle.

Interrupteur : dispositif permettant de contrôler le courant circulant dans les fils vivants. Il est utilisé pour allumer ou éteindre les lumières ou les appareils.

Isolant : tout matériau, comme le plastique ou le caoutchouc, qui résiste au courant électrique. Il sert à protéger les fils et les câbles.

Prise : dispositif qui permet d'accéder au courant électrique.

Prise polarisée : prise permettant au courant électrique actif de circuler dans les fils noirs ou rouges et au courant neutre de suivre les fils blancs ou gris.

Surchage : demande de courant qui dépasse la capacité des fils du circuit ou d'un appareil. Lors d'une surcharge, le fusible grille ou le disjoncteur se déclenche.

Tableau de distribution : situé près de l'entrée de service, le tableau est le point de départ et d'arrivée des différents circuits parcourant votre maison, et il contrôle les surcharges.

Voltage : mesure de la tension du courant électrique.

Watts (W) : unité de puissance électrique. Les watts se calculent en multipliant les cycles de voltage par les ampères.

Électricité & Sécurité

Lorsque vous procédez à des travaux électriques aussi simples soient-ils, ne prenez aucune chance et respectez à la lettre les règles élémentaires de sécurité. Le gros bon sens peut prévenir bien des tragédies.

La première règle qui s'impose est de toujours couper le courant là où vous devez travailler. Au tableau de distribution, retirez le fusible ou fermez le disjoncteur contrôlant le circuit sur lequel vous travaillez. Ensuite, vérifiez si le courant est bien coupé en insérant les fils d'un vérificateur de ligne dans une des prises du circuit.

Ne remettez le circuit sous tension que lorsque le travail sera complètement terminé.

Suivez attentivement les conseils de sécurité illustrés sur cette fiche. N'entreprenez jamais un projet d'électricité dont la difficulté dépasse vos compétences. N'essayez jamais de réparer ni de refaire le tableau de distribution ou l'entrée électrique. Ces tâches relèvent d'un électricien professionnel, et lui seul est autorisé à les faire.

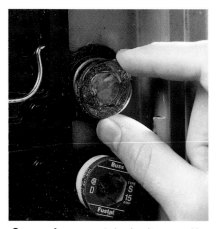

Coupez le courant du circuit approprié directement à la boîte de fusibles ou au tableau de distribution avant de commencer le travail.

Dessinez un plan des circuits de la maison afin d'identifier sans difficultés celui dont vous aurez à couper le courant.

Fermez la porte du tableau de distribution et appliquez-y l'avertissement «ne pas toucher» pour éviter que quelqu'un ne rétablisse le courant pendant que vous travaillez!

Ayez toujours une **lampe de poche** près du tableau de distribution. Vérifiez régulièrement l'état des piles.

Utilisez un **vérificateur de ligne** afin de vous assurer s'il y a ou non du courant à l'endroit où vous devez travailler.

N'utilisez que des **produits ou pièces CSA.** Ces éléments ont été préalablement testés et approuvés par l'Association canadienne de normalisation.

Portez des souliers à semelles caoutchoutées. Sur une surface humide, tenez-vous sur une carpette de caoutchouc ou un panneau de bois sec.

Utilisez uniquement des **échelles en bois ou en fibre de verre** lorsque vous faites de l'entretien près du tuyau de l'entrée électrique.

N'employez que des **prises avec détecteur-disjoncteur de mise à la terre** lorsque le Code canadien de l'électricité vous le recommande.

Protégez vos enfants en utilisant des capuchons spécialement conçus pour couvrir les prises de courant.

Utilisez des **rallonges** que pour des connexions temporaires. Ne les employez jamais sous un tapis ou encore fixées au mur, à une plinthe ou à d'autres surfaces.

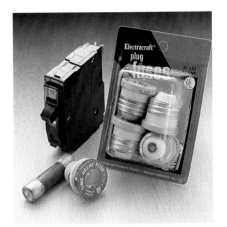

Utilisez les **fusibles ou disjoncteurs appropriés.** Ne jamais recourir à un fusible ou un disjoncteur dont l'ampérage est supérieur à celui des câbles électriques utilisés.

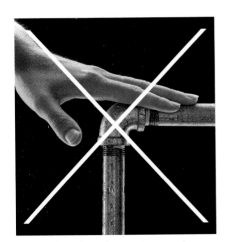

Ne touchez jamais aux tuyaux de métal, robinets ou appareils sanitaires lorsque vous faites des travaux électriques. Le métal est conducteur et le courant électrique passera facilement à travers votre corps!

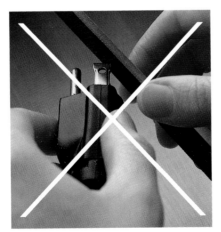

Ne trafiquez jamais les lames d'une fiche électrique pour qu'elles s'adaptent à une prise. Si c'est possible, remplacez votre vieille fiche par une nouvelle à trois lames (avec prise de mise à la terre).

Ne percez jamais de trous dans un mur ou un plafond avant d'avoir coupé le courant dans les circuits cachés. Utilisez toujours des outils avec double isolant électrique.

Votre système électrique

L'énergie électrique qui alimente nos maisons provient de centrales gigantesques. Ces dernières produisent le courant électrique grâce à des turbines actionnées par l'eau, le vent ou encore la vapeur. Par la suite, le courant électrique passe dans des transformateurs qui augmentent son voltage jusqu'à un demi-million de volts ou plus.

Le transport de l'énergie électrique à haute tension se fait à travers tout un réseau de distribution avant d'atteindre les utilisateurs, souvent fort éloignés de la centrale. Ainsi, avant de parvenir aux fils de nos rues, le courant électrique passe dans d'autres transformateurs situés dans des sous-stations qui, cette fois, réduisent la tension du courant. Juste avant d'alimenter nos maisons, le courant est encore une fois réduit en 120 volts grâce aux transformateurs situés au sommet des poteaux.

Les lignes de distribution amenant le courant à la maison passent dans le sol ou dans les airs jusqu'au point de raccordement. La plupart des maisons construites après 1950 sont alimentées par trois câbles : deux fils d'alimentation avec du courant de 120 volts et un fil neutre de mise à la terre. Les deux fils de 120 volts peuvent être combinés dans le tableau de distribution pour alimenter des appareils nécessitant 240 volts (par exemple une sécheuse ou un chauffe-eau).

Plusieurs vieilles maisons ne sont alimentées que par deux câbles au point de raccordement : un fil d'alimentation de 120 volts et un fil neutre de mise à la terre. Ce type de système ne convient plus aux besoins actuels. Communiquez avec votre compagnie d'électricité et avec un électricien pour effectuer l'amélioration qui s'impose.

Le courant électrique passe dans un compteur qui mesure votre consommation d'énergie. Par la suite, le courant atteint le tableau de distribution qui alimente les différents circuits de la maison. Ce tableau contient aussi des fusibles ou des disjoncteurs qui couperont l'alimentation d'un circuit lors d'un court-circuit ou d'une surcharge. Certains appareils énergivores, comme les fours micro-ondes, possèdent leur propre circuit d'alimentation prévenant les surcharges.

Les niveaux de voltage fournis par les compagnies d'électricité ont changé au cours des ans. Ainsi, le courant a augmenté de 110 à 115 volts, puis à 120 volts. Le courant 220 volts, lui, a augmenté à 230 puis à 240 volts. Les niveaux de voltage ont aussi changé pour les prises, les outils, les luminaires et les appareils, passant de 120 à 125 volts. Ces changements n'affectent cependant pas le rendement des nouveaux appareils alimentés par de vieux circuits. Pour les calculs concernant la capacité des circuits, utilisez toujours les chiffres 120 ou 240 volts.

Les **centrales** fournissent l'électricité à des milliers de maisons et d'entreprises. Des transformateurs de haute tension augmentent le voltage de l'électricité produite, ce qui facilite son transport dans les lignes de transmission.

On retrouve des **sous-stations** près de chaque agglomération qu'elles desservent. Ces sous-stations reçoivent le haut voltage des lignes de transmission et le réduisent, pour alimenter ensuite les lignes de nos rues.

Les **transformateurs** au haut des poteaux réduisent encore une fois le voltage des lignes de distribution (de tension moyenne) de nos rues, c'est-à-dire de 10 000 à 120 volts.

10

La tête (ou point) de raccordement à la ligne d'énergie. Cette tête empêche la moissure de gagner l'intérieur de la maison

Les câbles d'alimentation amènent l'électricité qui circule dans la ligne de transmission de la rue jusqu'à la maison

Lustre

Interrupteur mural

Câble pour interrupteur-boucle

Circuit autonome de 120 volts pour le four micro-ondes

Prises

Prises de courant protégées

Le compteur électrique mesure la consommation de courant

Circuit autonome de 240 volts pour le chauffe-eau

Le tableau distribue le courant dans les différents circuits de la maison

e de mise à la terre mesurer au moins s et être enfoncée le sol à l'extérieur de la maison

Fil de mise à la terre relié à la tige de métal

Circuit autonome de 120/240 volts pour la sécheuse

Fil de mise à la terre relié à une conduite d'eau froide

e bretelle métallique (jumper) est utilisée pour contourner e compteur d'eau et assurer ainsi un chemin ininterrompu à la mise à la terre

Eléments du système électrique

La **tête de raccordement** est le point de connexion des câbles de transmission et des câbles de service qui vont au compteur. Les trois câbles de la ligne de transmission fournissent le courant de 240 volts nécessaire pour alimenter une maison. Certains vieux édifices n'ont encore que deux câbles, ne procurant qu'un courant de 120 volts. Seul un maître-électricien est habilité à transformer ces systèmes à deux câbles en systèmes plus sécuritaires et plus performants à 3 câbles.

Le **compteur électrique** mesure la quantité de courant que vous consommez. On le retrouve habituellement fixé à un mur extérieur de la maison et relié à la tête de raccordement. Protégée par un dôme, une mince rondelle de métal tourne quand le courant est utilisé. Le compteur appartient au fournisseur d'électricité. Si votre compteur fonctionne mal, vous devez en aviser ladite compagnie.

Le **fil de mise à la terre** relie la canalisation électrique de la maison à la terre, par le biais d'un tuyau d'eau froide ou d'une tige de mise à la terre. S'il y a une surcharge ou un court-circuit, le fil de mise à la terre permet au surplus d'électricité de se rendre jusqu'au sol sans causer de dégâts.

Les **appliques lumineuses** sont branchées directement au circuit électrique. On les contrôle habituellement au moyen d'interrupteurs muraux. Les deux types les plus répandus de sources lumineuses sont les lampes incandescentes et les fluorescents.

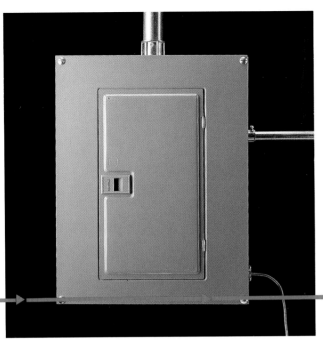

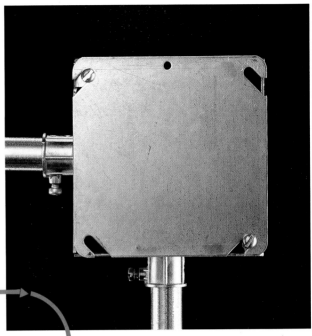

Le **tableau de distribution** (aussi appelé «boîte de fusibles ou de disjoncteurs») répartit le courant dans chacun des circuits. Des fusibles ou des disjoncteurs protègent chaque circuit des surcharges et des courts-circuits. Ces fusibles et disjoncteurs permettent aussi, lorsqu'on les enlève ou qu'on les ferme, de procéder à des travaux sur les circuits en toute sécurité.

Les **boîtes de raccordement** contiennent les connexions de fils électriques. Le Code d'électricité exige que toutes les connexions ou épissures de fils soient couvertes par des boîtes de raccordement de métal ou de plastique.

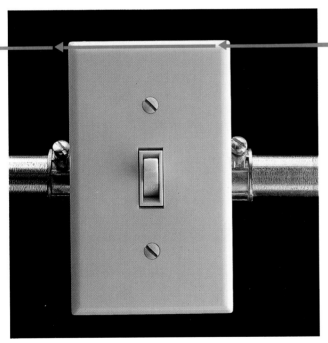

Les **interrupteurs** contrôlent le passage du courant dans les circuits de fils vivants. On peut employer des interrupteurs pour contrôler les luminaires, les ventilateurs de plafond, les électroménagers ou les prises de courant.

Les **prises de courant** permettent de brancher directement des appareils à un circuit électrique. Depuis 1965, la plupart des réceptacles de prises de courant sont de 125 volts/15 ampères, et elles sont dotées d'un orifice supplémentaire de mise à la terre. La majorité des prises de courant sont pouvues d'un réceptacle double.

Comprendre les circuits

Les circuits électriques sont des boucles continues qui transportent l'électricité du tableau de distribution aux pièces de la maison, pour la ramener ensuite au tableau. Les différents appareils, les prises, les interrupteurs et les plafonniers se branchent sur l'un ou l'autre de ces circuits.

Le courant entre dans la boucle par un fil thermique et il revient par des fils neutres. Les fils comportent un code couleur d'identification : les fils thermiques, ou vivants, sont noirs ou rouges et les fils neutres sont blancs ou gris pâle. Par mesure de sécurité, la plupart des circuits comportent un fil de mise à la terre, fait de cuivre dénudé ou portant une gaine verte. Ce fil évacue le courant en cas de court-circuit ou de surcharge et réduit les risques de chocs électriques. Le tableau de distribution comporte également un fil de mise à la terre branché sur un des tuyaux métalliques du système de plomberie, ainsi qu'à une tige de métal enfouie dans le sol.

Si un circuit transporte trop d'électricité, il y a un risque de surcharge; les fusibles ou les disjoncteurs ont pour rôle de le protéger.

L'électricité retourne au tableau de distribution par le fil neutre. Le courant entre alors dans le circuit principal et quitte la maison par un fil de service neutre, de fort calibre, qui l'envoie au transformateur secondaire du secteur.

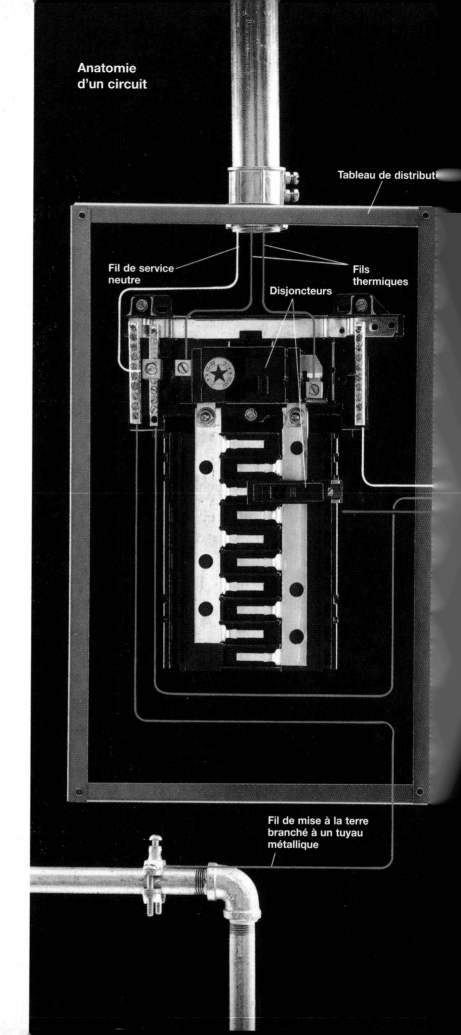

Anatomie d'un circuit

Tableau de distribution

Fil de service neutre

Fils thermiques

Disjoncteurs

Fil de mise à la terre branché à un tuyau métallique

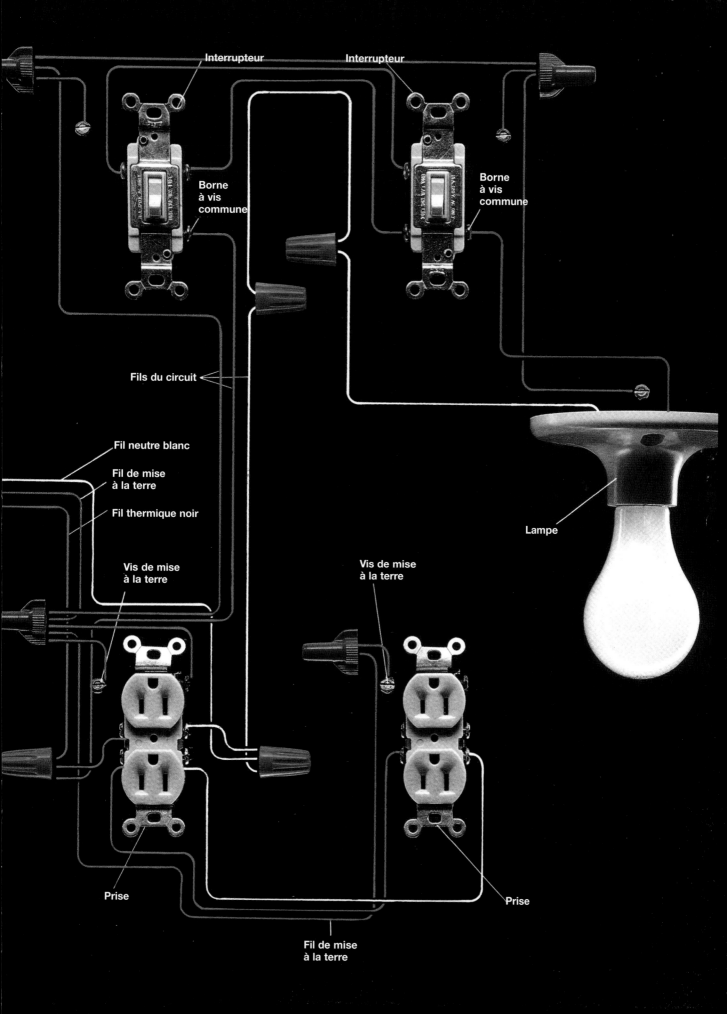

Interrupteur

Interrupteur

Borne
à vis
commune

Borne
à vis
commune

Fils du circuit

Fil neutre blanc

Fil de mise
à la terre

Fil thermique noir

Vis de mise
à la terre

Vis de mise
à la terre

Lampe

Prise

Prise

Fil de mise
à la terre

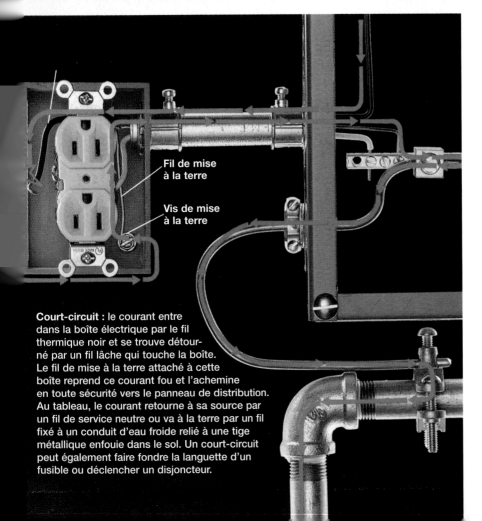

Tableau de distribution

Fil vivant noir

Fil neutre blanc

Fil de mise à la terre

Branchement du fil de mise à la terre à un conduit d'eau froide

Flot normal du courant : le courant pénètre dans la boîte électrique par un fil vivant de couleur noire et retourne vers le tableau de distribution par un fil neutre blanc. L'excédent de courant retourne à la terre en passant par le fil de mise à la terre fixé à un conduit d'eau froide en métal.

Fil de mise à la terre

Vis de mise à la terre

Court-circuit : le courant entre dans la boîte électrique par le fil thermique noir et se trouve détourné par un fil lâche qui touche la boîte. Le fil de mise à la terre attaché à cette boîte reprend ce courant fou et l'achemine en toute sécurité vers le panneau de distribution. Au tableau, le courant retourne à sa source par un fil de service neutre ou va à la terre par un fil fixé à un conduit d'eau froide relié à une tige métallique enfouie dans le sol. Un court-circuit peut également faire fondre la languette d'un fusible ou déclencher un disjoncteur.

Polarisation et mise à la terre

Le courant électrique cherche toujours à retourner à sa source de façon à compléter un circuit continu. Dans les circuits électriques domestiques, le retour au tableau de distribution s'effectue par le biais des fils neutres blancs. De là, le courant passe par un fil neutre pour rejoindre un transformateur secondaire se trouvant dans le voisinage.

Le fil de mise à la terre offre un autre chemin de retour au courant électrique. Ce fil représente en fait un dispositif de sécurité destiné à réorienter le courant qui voudrait suivre un autre chemin que le fil neutre en retournant au tableau de distribution. Cette situation se présente lors d'un court-circuit, lequel peut s'avérer dangereux.

En effet, si un court-circuit se produit dans une boîte électrique, un outil ou un appareil et qu'on y touche, le courant pourrait essayer de retourner à sa source en passant par le corps.

Toutefois, le courant électrique cherche avant tout le chemin le plus court et le plus rapide, et le fil de mise à la terre offre justement une voie rapide et sécuritaire. Si une personne touche à un fil ou à un appareil bien mis à la terre, les risques d'un choc électrique sont très réduits.

De plus, les installations électriques domestiques doivent être directement reliées à la terre. Celle-ci a la propriété d'absorber les électrons du courant électrique et de les disperser. En cas de court-circuit, l'électricité suivra les fils de mise à la terre jusque dans le sol, où elle deviendra inoffensive.

Cette mise à la terre se fait en branchant le système électrique de la maison à un conduit d'eau froide en métal relié à une tige métallique enfouie dans le sol.

Depuis 1920, la plupart des maisons nord-américaines ont des prises polarisées. Sans offrir une véritable mise à la terre, les prises polarisées à deux fentes ont toutefois été conçues pour faire circuler le courant vivant par les fils noirs ou rouges et le courant neutre dans les fils blancs ou gris.

Les câbles blindés et les conduits métalliques installés dans les années 40 comportaient une vraie mise à la terre. Quand ils étaient connectés aux boîtes de dérivation en métal, ils offraient une voie directe vers le tableau de distribution.

Les fils et câbles modernes comprennent un fil de cuivre dénudé ou recouvert d'une gaine verte menant à la terre. Ce fil de mise à la terre est fixé à toutes les boîtes et aux prises, offrant ainsi un chemin métallique au courant court-circuité. Un câble muni d'un fil de mise à la terre est généralement relié à des prises à trois ouvertures et les appareils munis d'une fiche à trois branches sont protégés des court-circuits.

Il existe des raccords à trois fentes pour les prises à deux fentes. Ils ne devraient être utilisés qu'avec des prises mises à la terre par un fil ou une boîte également mis à la terre. Ces raccords portent un court fil ou un oeillet qui se branche sur la vis de la plaque. Cette vis relie le raccord à la boîte mise à la terre. **Attention :** ce dispositif n'est généralement pas conforme aux codes électriques et peut présenter certains dangers.

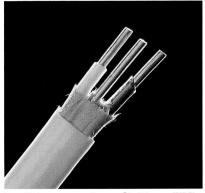

Le **câble sans gaine métallique (NM)** qu'on retrouve dans la plupart des systèmes électriques actuels contient un fil de cuivre dénudé qui permet la mise à la terre des prises et des boîtes d'interrupteurs.

Le **câble blindé BX** possède une gaine métallique qui sert à la mise à la terre. Le courant court-circuité retourne au tableau de distribution par la gaine métallique.

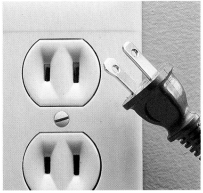

Les **prises polarisées** ont des fentes de grandeurs différentes. En utilisant aussi une fiche polarisée, le courant circule de façon sécuritaire.

Les **prises à trois fils** sont maintenant exigées par les codes de sécurité, et elles sont généralement reliées à un système standard à deux fils avec mise à la terre.

Les **raccords** de prises permettent de brancher une fiche à trois branches dans une prise à deux fentes. Ils ne peuvent être utilisés qu'avec des prises mises à la terre, et le fil ou l'oeillet de mise à la terre doit être attaché à la vis de la plaque.

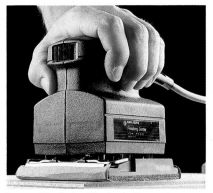

Les **outils à double isolation** ont un bâti de matière plastique pour éviter les chocs causés par un court-circuit. Cette caractéristique permet d'utiliser une prise qui n'est pas mise à la terre.

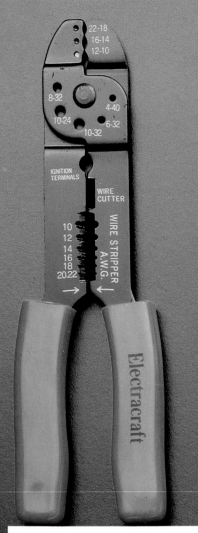

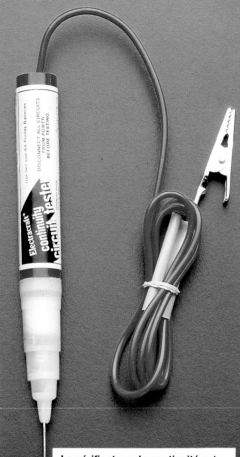

La pince à long bec permet de plier les fils et de les tordre pour qu'ils s'adaptent aux vis de connexion. Certaines pinces à long bec possèdent des mâchoires tranchantes pouvant couper les fils.

L'outil (universel) à usage multiples est essentiel pour les connexions des bornes de fils électriques. Il permet de couper les câbles et les fils, de mesurer leur calibre et d'enlever la gaine. L'outil universel est muni de branches isolantes.

Le vérificateur de continuité est très pratique pour détecter les problèmes d'interrupteurs, de luminaires et d'autres appareils. Il est pourvu d'une pile fournissant le courant et d'un fil qui permet de recréer un circuit électrique.

Le tournevis sans fil permet de fixer une grande variété de vis et d'attaches. Il peut être rechargé et utilisé avec ou sans charge. On peut aussi changer sa pointe pour qu'il s'adapte à des vis à têtes plates ou cruciformes (Phillips).

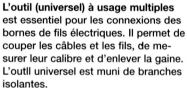

Le vérificateur de circuit est un outil sécuritaire essentiel pour vérifier l'état des câbles des circuits.

Outils pour travaux d'électricité

Pour vos travaux d'électricité, vous n'aurez besoin que de quelques outils peu coûteux. Lors de l'achat d'outils, choisissez des produits de qualité.

Gardez vos outils propres et secs et rangez-les de façon sécuritaire. Si des outils tranchants comme des pinces à long bec ou des pinces universelles présentent des mâchoires émoussées, n'hésitez pas à les faire aiguiser ou à les remplacer.

On trouve sur le marché plusieurs types de vérificateurs pour l'électricité. Il est bon de tester périodiquement l'état du vérificateur de circuit, du voltmètre (voir ci-dessous) ou du vérificateur de continuité. Ces deux derniers appareils sont munis de piles qui devraient être remplacées régulièrement.

Les tournevis avec manche isolant de caoutchouc préviennent les risques de chocs électriques, s'ils touchaient un fil vivant.

La pince à fusibles est utilisée pour enlever les fusibles-cartouches des blocs-séctionneurs que l'on retrouve surtout dans les vieux tableaux de distribution.

Le dénudeur de fil est pourvu d'une lame permettant d'enlever la gaine de plastique extérieure des câbles non métalliques de sorte que l'isolant puisse ensuite être coupé sans les abîmer.

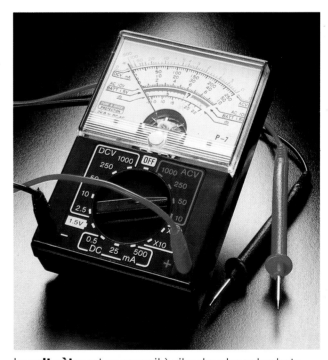

Le **voltmètre** est un appareil à piles des plus polyvalents employé, comme son nom l'indique, pour mesurer le voltage. On l'emploie aussi pour vérifier l'état des circuits, des interrupteurs, des lampes ou d'autres appareils électriques. Un bouton ajustable permet de mesurer des courants entre 1 et 1000 volts. Le voltmètre s'avère très utile pour mesurer le courant des transformateurs à bas voltage comme ceux qu'on retrouve dans les systèmes pour sonnettes de portes ou les thermostats.

Les **câbles blindés flexibles**, appelés aussi BX, ont été largement utilisés. La gaine protégeant les fils sert aussi pour la mise à la terre.

Le **filage avec attaches de porcelaine,** qui sont en fait des isolateurs, était employé avant 1940. Les câbles étaient recouverts d'un tissu caoutchouté et ne portaient pas de gaine protectrice.

Les **conduit métalliques rigides** protègent les fils qui y sont insérés. La paroi métallique sert de mise à la terre. Les conduits sont encore exigés par les codes de sécurité pour certaines installations particulières, comme des fils exposés dans un sous-sol ou un garage.

Les **câbles NM (non-métalliques)** ont été utilisés entre les années 30 et 65. Les fils sont protégés par une gaine de tissu caoutchouté, et il offraient l'avantage d'être facile à installer. À l'origine, ils ne comportaient pas de fils de mise à la terre déparés.

Les **câbles NM plus récents** comportent un fil de mise à la terre en cuivre dénudé. L'isolant des fils et la gaine sont en matière plastique et résitent mieux à l'humidité que le caoutchouc des câbles NM précédents. Ces câbles sont peu coûteux et ils sont facile à installer.

Les **câbles de type UF** emprisonnent les fils dans une gaine pleine de matière plastiqe et comportent un fil de mise à la terre en cuivre dénudé. Ils sont imperméables et conçus pour un usage extérieur où ils sont enfouis dans le sol.

Les fils et les câbles

Les fils sont faits de cuivre, d'aluminium ou d'aluminium recouvert d'une mince couche de cuivre. Le cuivre plein reste encore le meilleur conducteur d'électricité et s'avère le plus utilisé. Les fils d'aluminium et d'aluminium recouvert de cuivre exigent une installation particulière.

Un regroupement de deux fils et plus dans une gaine de métal, de plastique ou de caoutchouc s'appelle un **câble**. La gaine protège les fils; les conduits de métal rigides jouent le même rôle mais ne constituent pas des câbles.

Les fils individuels sont recouverts d'un isolant de plastique ou de caoutchouc. L'exception à la règle est le fil de mise à la terre en cuivre dénudé, qui n'a pas besoin d'isolant. La couleur des gaines permet d'identifier les fils vivants, neutres ou de mise à la terre.

Dans la plupart des installations effectuées après 1965, les fils sont recouverts de plastique et dureront très longtemps.

Avant 1965, les fils et les câbles étaient recouverts de caoutchouc, lequel bénéficie d'une espérance de vie d'environ 25 ans. Si le vieil isolant est fendu ou endommagé, il peut être temporairement renforcé en étant enveloppé de ruban électrique. Il serait cependant plus sage de faire vérifier l'état du filage par un électricien, pour plus de sécurité.

Le calibre des fils doit convenir à l'ampérage du circuit (un fil trop petit risque de surchauffer). Les fils sont classés selon les données de l'AWG (American Wire Gauge). Pour vérifier un calibre, utilisez la pince à usages multiples (ou à dénuder) comme guide.

Ce dont vous avez besoin :
Outils : dénudeur, pince à usages multiples, tournevis, pinces à long bec.
Matériaux : connecteurs isolés, fils de relais (si nécessaire).

Voir bloc-notes de l'inspecteur :
- Problèmes courants du câblage (pages 112 et 113).
- Vérifiez les connexions (page 114 et 115).
- Inspection des boîte électrique (page 116 et 117).

Code de couleurs des fils

Couleur	Fonction
Blanc	Fil neutre transportant le courant sans voltage
Noir	Fil vivant (thermique) transportant le courant à plein voltage
Rouge	Fil vivant (thermique) transportant le courant à plein voltage
Blanc avec des marques noires	Fil vivant (thermique) transportant le courant à plein voltage
Vert	Fil de mise à la terre
Cuivre dénudé	Fil de mise à la terre

Les fils individuels portent un code de couleurs qui les identifie. Dans certaines installations, les fils blancs sont utilisés comme fils vivants ou thermiques. Si le cas se présente, prenez soin de les identifier avec un ruban noir ou de la peinture.

Calibre des fils

Calibre	Capacité et usage
#6	60 amp, 240 volts; climatiseur central, fournaise électrique
#8	40 amp, 240 volts; cuisinière électrique, climatiseur central
#10	30 amp, 240 volts; climatiseur de fenêtre, sécheuse à linge
#12	20 amp, 120 volts; lampes, prises, four micro-ondes
#14	15 amp, 120 volts; lampes, prises
#16	rallonge de service léger
#18 to 22	thermostats, carillons, système antivol

Le **calibre des fils** est normalisé par l'AWG (American Wire Gauge). Plus le fil est gros, plus le nombre AWG est petit.

Les câbles NM (non-métalliques)

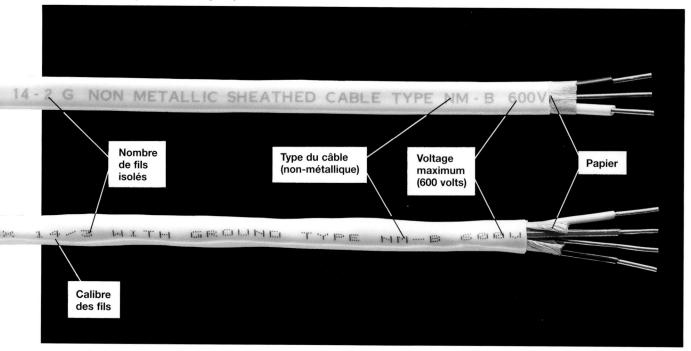

Nombre de fils isolés

Type du câble (non-métallique)

Voltage maximum (600 volts)

Papier

Calibre des fils

Le câble NM (non-métallique) comporte des inscriptions indiquant le nombre de fils isolés qu'il contient, excluant le fil de mise à la terre dénudé. Ainsi, un câble classé 14/2 G (ou *with ground*) renferme 2 fils isolés de calibre 14 et un fil de mise à la terre en cuivre dénudé. Le câble marqué 14/3 G comporte trois fils de calibre 14 plus un fil de mise à la terre. À l'intérieur du câble, une bande de papier protège les fils individuels. Les câbles NM portent une inscription de voltage maximum tel que déterminé par le CSA.

Les fils en aluminium

Il y a plusieurs années, certains entrepreneurs ont installé des systèmes électriques comportant des fils d'aluminium peu coûteux, comparativement au prix des fils de cuivre.

Le fil d'aluminium se reconnaît à sa couleur argentée et au code AL inscrit sur sa gaine. Il en existe également une variante, constituée d'aluminium cuivré, soit une âme d'aluminium recouverte d'une fine couche de cuivre.

Il a été établi que les fils d'aluminium représentent un risque important, surtout s'ils sont connectés à des bornes de cuivre en laiton. L'effet calorifique de la résistance entraîne des réactions différentes de ces métaux et l'aluminium a tendance à se relâcher. Dans certains cas, ceci peut provoquer un court-circuit et causer un incendie.

Le filage d'aluminium peut s'avérer sans danger s'il est raccordé à des prises et des interrupteurs appropriés. Si votre système électrique comporte des fils d'aluminium faites inspecter votre installation par un maître-électricien. Mentionnons cependant que les fils d'aluminium cuivré ne présentent pas de risques.

Pendant un certain temps les prises et les interrupteurs classé AL-CU étaient utilisés indifféremment avec le cuivre et l'aluminium. Il fut démontré que leur utilisation avec l'aluminium comportait des risques, il ne faut donc pas utiliser les composantes AL-CU avec l'aluminium.

Pour assurer la sécurité, il est maintenant obligatoire d'utiliser des prises et interrupteurs de type CO-ALR pour les circuits de 15 et 20A comportant des fils d'aluminium. Si votre installation inclut des fils d'aluminium, il faut donc vous assurer que les prises et interrupteurs sont de type CO-ALR.

Les prises et les interrupteurs dont les boîtiers ou brides de fixation ne portent pas cette inscription ne doivent pas être utilisés avec des fils d'aluminium, mais uniquement avec le cuivre.

Dénuder des fils et des câbles NM

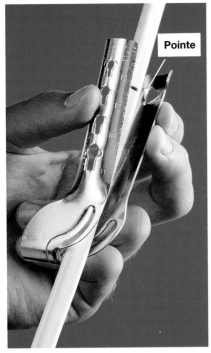

Pointe

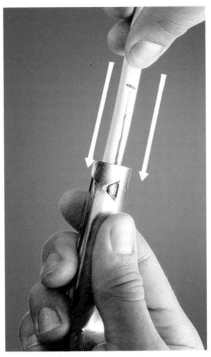

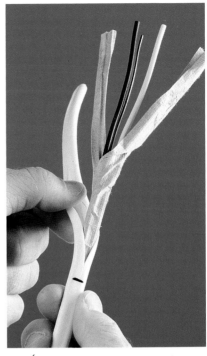

1 Mesurez et marquez le câble à 6 ou 10 pouces de son extrémité. Glissez le dénudeur de fil sur le câble et serrez pour enfoncer la pointe à travers la gaine.

2 Tenez fermement le câble d'une main et glissez le dénudeur vers le bout du fil, afin d'ouvrir la gaine de plastique.

3 Écartez la gaine de plastique et le papier qui recouvre les fils individuels.

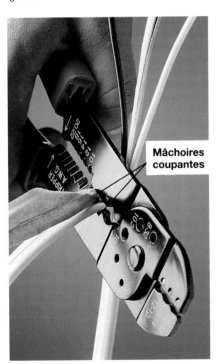

Mâchoires coupantes

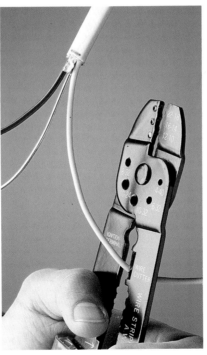

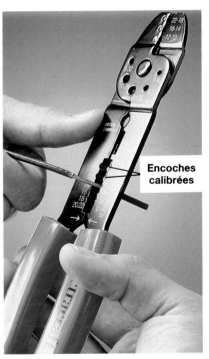

Encoches calibrées

4 Coupez l'excédent de plastique et de papier avec une pince à usages multiples.

5 Coupez les fils individuels de la même façon, si nécessaire.

6 Retirez isolant de cheque fil en utilisant l'encoche appropriée, en prenant garde de ne pas endommager le fil.

Raccorder les fils aux bornes

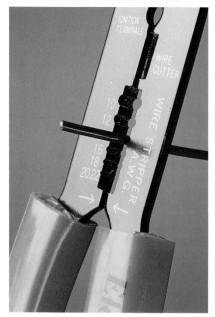

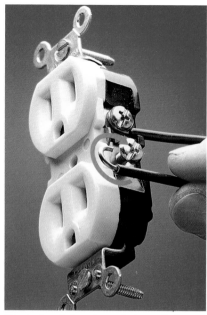

1 Enlevez environ 3/4" d'isolant sur cha-que fil, à l'aide d'un dénudeur. Choisis-sez l'encoche qui correspond au calibre du fil. Pressez les mâchoires et tirez pour retirer l'enveloppe.

2 Courbez la pointe du fil en forme d'une pince à long bec, tout en évitant d'y faire des marques.

3 Insérez la boucle sur la borne à vis dans le sens horaire. Serrez la vls; l'isolant doit l'effleurer. Ne jumelez jamais des fils sur la même borne, utilisez plutôt un fil de relais.

Utiliser les bornes à insertion

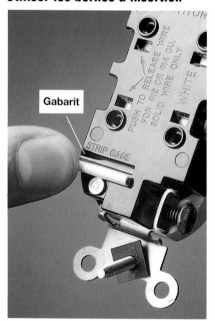

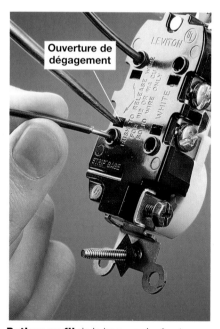

1 Mesurez la longueur d'isolant à enle-ver en vous servant du gabarit se trouvant au dos de l'interrupteur ou de la prise. Dénudez le fil à l'aide d'une pince à usages multiples. N'utilisez jamais les bor-nes à insertion avec les fils d'aluminium.

2 Enfoncez le cuivre dénudé dans les bornes de l'interrupteur ou de la prise. Il ne doit pas rester de cuivre exposé.

Retirez un fil de la borne en insérant un clou ou un petit tournevis dans l'ouverture de dégagement et en tirant délicatement sur le fil.

Joindre plusieurs fils avec un connecteur

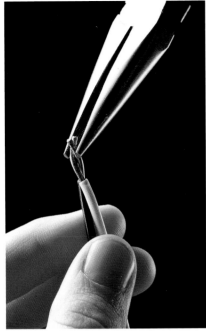

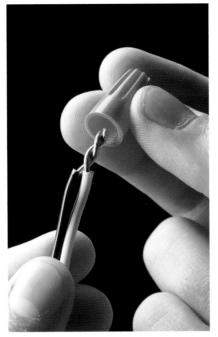

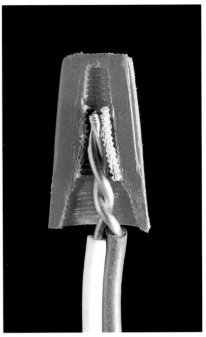

1 Dénudez environ 1/2" d'isolant de chaque fil. En les tenant côte à côte, torsadez-les dans le sens horaire à l'aide d'une pince à long bec.

2 Vissez le connecteur sur les fils torsadés et tirez légèrement pour vérifier la solidité. Une bonne connexion ne devrait pas laisser apparaître de fil nu.

Les connecteurs ont une douille de métal filetée qui agrippe les fils torsadés. Le connecteur devrait couvrir complètement la partie exposée des fils.

Assembler plusieurs fils à une borne

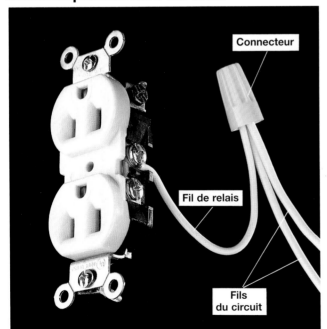

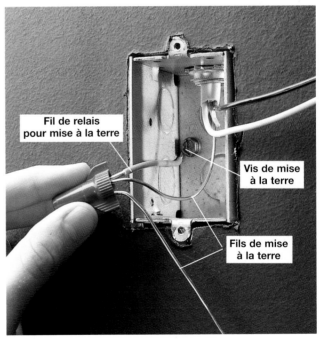

Branchez plusieurs fils à une borne à vis simple à l'aide d'un fil de relais, connecté à la borne par une extrémité et aux fils du circuit par l'autre, en vous servant d'un connecteur. Les fils de relais sont également utilisés pour prolonger les fils trop courts.

Le **fil de relais pour mise à la terre** est disponible avec sa vis. Elle se fixe à la boîte métallique mise à la terre. L'autre extrémité sert à connecter les fils de mise à la terre de cuivre dénudé à l'aide d'un connecteur.

Le tableau de distribution

Toutes les maisons possèdent un tableau de distribution qui assure la répartition de l'électricité à travers les différents circuits. Il se trouve généralement au sous-sol, dans le garage ou dans une pièce de service, et il est facilement reconnaissable à son boîtier métallique.

Avant d'entreprendre des travaux dans le système électrique, vous devez couper le courant à partir du tableau principal. Il est important de répertorier les circuits de manière à s'y retrouver facilement.

Selon leur âge, les tableaux diffèrent les uns des autres. Ainsi, dans les vieilles maisons, on retrouvera des panneaux ayant une capacité de 30 A et ne comptant que deux circuits. Les nouvelles installations possèdent souvent 200 A et plus de 30 circuits. Vous pouvez connaître la capacité de votre panneau en lisant ses spécifications, inscrites sur la boîte de cartouches ou le disjoncteur principal.

Tous les tableaux de distribution possèdent des fusibles ou des disjoncteurs qui contrôlent chacun des circuits et les protègent des surcharges. Habituellement, on trouve des fusibles sur les vieux systèmes et des disjoncteurs sur les plus récents.

En plus d'un tableau principal, votre système électrique peut comprendre un tableau secondaire pour contrôler certains circuits spécifiques. Ce tableau secondaire possède ses propres disjoncteurs ou fusibles et contrôle des circuits qui ont été ajoutés au système électrique existant.

Le tableau secondaire ressemble au panneau principal en format réduit, et peut se trouver à proximité de ce dernier, ou près de l'endroit desservi par ses circuits. Les garages et les dépendances sont souvent reliés à un panneau secondaire. Assurez-vous que les circuits soient bien répertoriés.

Quand vous manipulez les disjoncteurs ou les fusibles, assurez-vous que les environs immédiats du tableau soient secs. N'enlevez jamais le couvercle protecteur du tableau. Après avoir coupé l'électricité d'un circuit, n'oubliez pas de le vérifier avant de toucher aux fils.

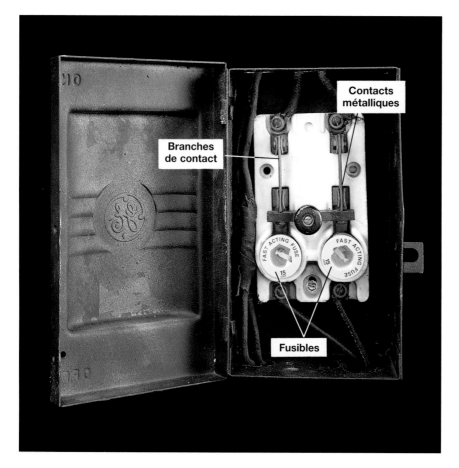

Contacts métalliques

Branches de contact

Fusibles

Un **tableau de distribution de 30 A,** courant dans les systèmes installés avant 1950. Se reconnaît à son support à fusible de céramique comportant deux fusibles et un interrupteur à manette. Il s'agit souvent d'une boîte noire située dans l'entrée ou au sous-sol, Ce panneau de 30 A n'offre qu'un courant de 120 volts et n'est plus admis par les programmes de la SCHL, par exemple, qui exige une entrée d'au moins 100 A.

Pour couper le courant d'un circuit dans ce type de panneau, dévissez délicatement le fusible en le tenant par l'enveloppe isolante. Pour couper le courant dans toute la maison, levez la manette. Ne touchez pas aux contacts métaliques.

Le **tableau de 60 ampères** se retrouve dans les installations effectuées entre 1950 et 1965, souvent sous forme de boîtier gris. On y trouve quatre fusibles individuels en plus d'une ou deux boîtes à cartouches. Ce type de tableau convient à une résidence d'environ 1 100 pieds carrés ne comportant qu'un seul appareil fonctionnant sur 240 volts. Il est possible d'en augmenter la capacité jusqu'à 100 ampères ou plus, pour faire place à des appareils d'éclairage et des circuits pour électroménagers. Les prêteurs hypothécaires exigeront cette modification la plupart du temps.

Pour couper un circuit, dévissez délicatement le fusible par son enveloppe isolante. Pour couper le courant dans toute la maison, agrippez la poignée de la boîte à cartouches principale et tirez fermement. Les circuits des électroménagers sont branchés à une autre boîte qui se retire de la même manière.

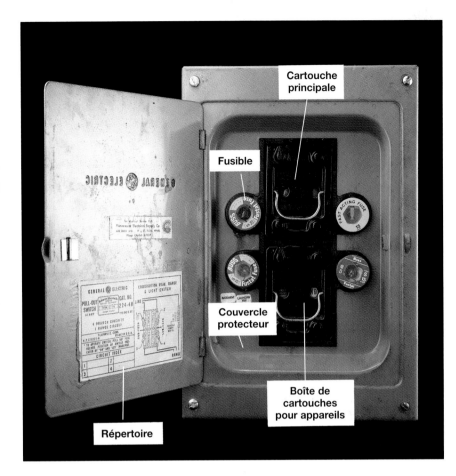

Cartouche principale

Fusible

Couvercle protecteur

Boîte de cartouches pour appareils

Répertoire

Le **tableau avec disjoncteurs** procurant 100 ampères et plus fait maintenant partie du décor depuis près de 30 ans. Ce type de tableau comporte un boîtier métallique gris et deux rangées verticales de disjoncteurs. Sa capacité en terme d'ampérage est inscrite sur le disjoncteur principal se trouvant en haut du tableau.

Un service de 100 ampères est maintenant considéré comme un standard minimum pour une résidence moyenne ne comportant pas plus de 3 électroménagers sur 240 volts. Une maison plus grande avec plus d'appareils devra avoir un tableau d'au moins 150 ampères,

Pour couper un circuit en particulier, faites basculer le disjoncteur correspondant à la position OFF. Pour couper l'électricité dans toute la maison, actionnez le disjoncteur principal.

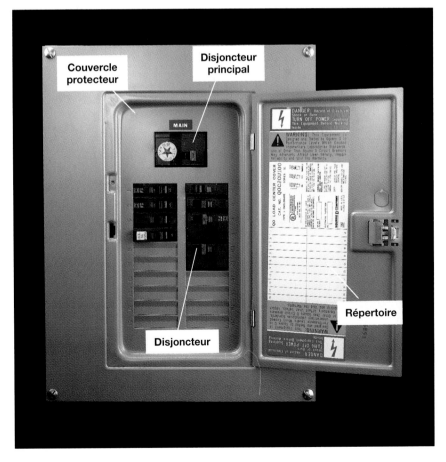

Couvercle protecteur

Disjoncteur principal

Répertoire

Disjoncteur

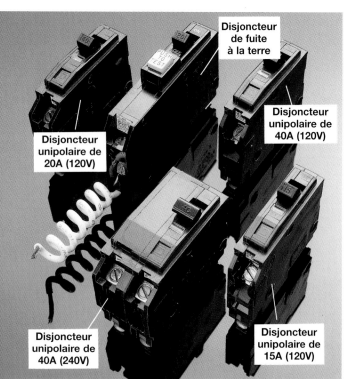

Cartouches

Fusibles à retardement

Fusible à bouchon

Fusibles de type S

Fusible à bouchon

Les fusibles et les disjoncteurs

Les **fusibles** se retrouvent sur les tableaux de distribution plus anciens et contrôlent des circuits de 15, 20 ou 30 ampères. Les fusibles de type S sont filetés de manière à s'adapter à une douille calibrée diminuant ainsi les risques d'erreur. Les fusibles à retardement absorbent une surcharge temporaire sans griller. Quant aux cartouches, elles contrôlent des circuits de 240 volts de 30 à 100 ampères.

Disjoncteur de fuite à la terre

Disjoncteur unipolaire de 40A (120V)

Disjoncteur unipolaire de 20A (120V)

Disjoncteur unipolaire de 40A (240V)

Disjoncteur unipolaire de 15A (120V)

Le **disjoncteurs** se retrouvent dans les tableaux de distribution plus récents. Les disjoncteurs unipolaires calibrés à 15 ou 20 ampères contrôlent les circuits de 120 volts tandis que les disjoncteurs bipolaires ont une capacité de 20 à 50 ampères pour les circuits de 240 volts. Le disjoncteur de fuite à la terre protège tout le circuit.

Les fusibles et les disjoncteurs sont des dispositifs de sécurité dont la fonction est de protéger le système électrique des courts-circuits et des surcharges. On les retrouve sur le tableau de distribution principal.

La plupart des tableaux datant d'avant 1965 comportent des fusibles à bouchon pour contrôler et protéger chacun des circuits. Les fusibles protègent les circuits de 120 volts et les cartouches ceux de 240 volts ainsi que le disjoncteur principal.

A l'intérieur du fusible se trouve une languette métallique qui fond à la moindre surcharge et coupe ainsi le courant. La tension nominale du fusible doit correspondre à celle du circuit. N'employez jamais un fusible de calibre supérieur à la capacité du circuit.

Dans le cas des disjoncteurs, c'est une bande métallique qui se courbe sous la tension. Si la tension (ou voltage) est trop forte, la courbure accentuée fera basculer le disjoncteur et le courant sera coupé. Si un disjoncteur se déclenche trop souvent, malgré une faible tension, il se peut que le mécanisme soit usé. Pour remplacer un disjoncteur, il est préférable de faire appel à un électricien,

Quand un fusible grille ou qu'un disjoncteur se déclenche, c'est généralement causé par une demande trop forte de courant : il y a trop de lampes ou d'appareils branchés sur le circuit. Dans ce cas, branchez les appareils sur un autre circuit, remplacez le fusible ou réamorcez le disjoncteur, Si le problème se reproduit immédiatement, faites venir un électricien.

Ce dont vous avez besoin :

Outils : tire-cartouche (pour cartouches seulement).
Matériaux : fusibles de remplacement.

Réparer et remplacer un fusible grillé

1 Ouvrez le tableau de distribution et repérez le fusible grillé. Si la languette de métal est coupée (à droite) il y a eu surcharge. Si le fusible est noirci, il y a eu court-circuit.

2 Retirez le fusible en ne touchant que l'anneau protecteur. Remplacez-le par un fusible de même calibre.

Enlever, vérifier et remplacer une cartouche

1 Enlevez le bloc en tirant fermement sur la poignée.

2 Détachez les cartouches du bloc à l'aide d'une pince à cartouches.

3 Testez chaque cartouche à l'aide d'un vérificateur de continuité. S'il ne s'allume pas, remplacez-la par une cartouche de même ampérage.

Réamorcer un disjoncteur

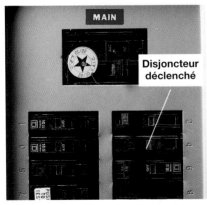

1 Ouvrez le tableau et repérez le disjoncteur qui s'est déclenché. L'interrupteur sera à la position OFF ou entre OFF et ON.

2 Réenclenchez le disjoncteur en amenant l'interrupteur à la position OFF et en le ramenant à ON.

Vérifiez le disjoncteur de fuite à la terre en appuyant sur le bouton TEST. L'interrupteur devrait se placer à la position OFF. Sinon, faites remplacer le disjoncteur par un électricien.

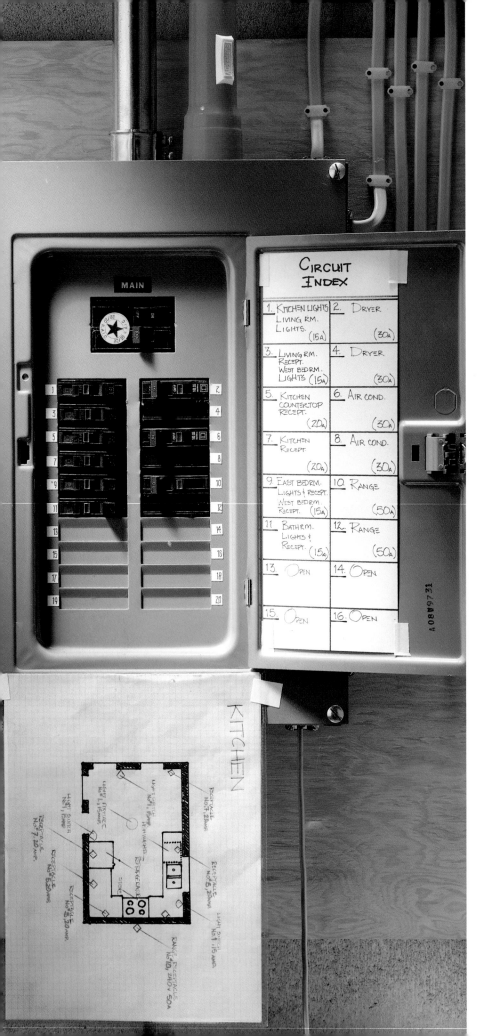

Faire un plan et répertorier les circuits

Pour procéder à des réparations du système électrique en toute sécurité, il importe d'avoir sous la main un plan à jour des circuits de la maison. Ce plan montre les prises, les lampes, les interrupteurs et les différents appareils branchés à chacun des circuits. Il devient alors facile de les répertorier au tableau de distribution, et de couper le courant au bon endroit quand cela est nécessaire.

L'établissement d'un tel plan peut prendre quelques heures et une mise à jour du plan réalisé par l'ancien propriétaire n'est pas superflue; vous saurez exactement où en sont les choses.

La manière la plus simple d'établir ce plan consiste à ouvrir les circuits, un à la fois, et à identifier les endroits qu'ils alimentent. Les différents appareils doivent toutefois fonctionner correctement

Vous pourrez également évaluer avec précision la demande d'électricité de chaque circuit et déterminer si votre filage est adéquat.

Ce dont vous avez besoin :

Outils : crayon, vérificateur de circuit.
Matériaux : papier, ruban-cache.

Voir bloc-notes de l'inspecteur :

- Inspection du tableau de distribution (page 111).

Faire un plan des circuits

1 Faites une esquisse de chacune des pièces de la maison, incluant les corridors, le sous-sol et les pièces de service.

2 Faites un plan de l'extérieur de la maison, du garage et de tous les endroits alimentés en électricité.

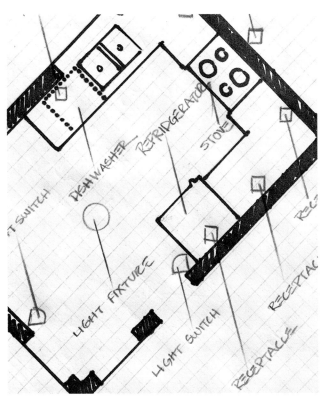

3 Sur chacune des esquisses, identifiez les endroits où se trouvent les prises, interrupteurs, appareils, carillons, thermostats, ventilateurs et autres appareils électriques.

4 Au tableau de distribution, numérotez tous les fusibles ou les disjoncteurs. Mettez les disjoncteurs à la position OFF ou dévissez les fusibles en laissant l'interrupteur principal en position ouverte.

5 Ouvrez un circuit à la fois, en actionnant le disjoncteur ou en resserrant le fusible selon le cas. Prenez note de l'ampérage indiqué.

6 Ouvrez les interrupteurs, les lumières et les appareils de la maison et identifiez ceux qui sont alimentés par le circuit. Inscrivez sur un ruban-cache le numéro du circuit et ampérage requis.

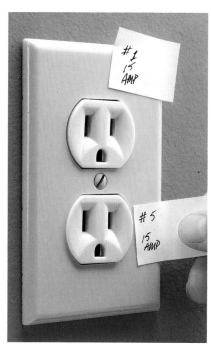

7 Vérifiez le fonctionnement des prises à l'aide d'un vérificateur. Assurez-vous de tester les deux prises.

8 Indiquez les circuits qui alimentent les prises, Même si c'est inhabituel, il se peut qu'une prise soit reliée à des circuits différents.

9 Pour vérifier un thermostat, amenez-le à la plus haute température. Les fournaises et leurs thermostats à bas voltage se trouvent sur le même circuit. Si le circuit est vivant, la fournaise va démarrer.

10 Verifiez le chauffe-eau électrique ou au gaz en portant le thermostat à son plus haut niveau.

11 Testez le carillon en sonnant tout simplement à la porte.

12 Indiquez sur le plan le numéro du circuit, l'ampérage et le voltage de chacune des prises, interrupteurs, lampes et accessoires branchés sur le circuit.

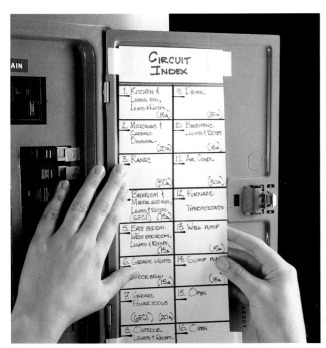

13 Apposez un répertoire des circuits sur la porte du tableau de distribution après vous être assuré qu'il est complet.

14 Gardez le plan des circuits à portée de la main et assurez-vous de réactiver tous les circuits.

Evaluation de la capacité des circuits

Chaque circuit électrique de la maison a une capacité sécuritaire. Cette capacité est représentée par la quantité de courant que peuvent transporter les fils d'un circuit sans griller un fusible ni déclencher un disjoncteur. Selon le Code de l'électricité, le courant nécessaire aux lampes, outils et appareils, en d'autres termes la demande, ne devrait pas excéder la capacité sécuritaire du circuit,

Evaluer cette capacité et la demande d'un circuit est fort simple. Effectuez ces quelques calculs pour éviter de griller des fusibles et pour planifier la localisation de nouvelles prises ou d'appareils supplémentaires.

En premier lieu, identifiez l'ampérage et le voltage du circuit. Si vous avez un plan des circuits à jour, vous les localiserez facilement. Sinon, le tableau de distribution vous indiquera l'ampérage des fusibles et des disjoncteurs. Le type de ces dispositifs indique toujours le voltage du circuit,

Ces données sur l'ampérage et le voltage vous aideront à trouver la capacité sécuritaire du circuit, Cette dernière est égale à 80% de la capacité totale du circuit.

Pour calculer la capacité sécuritaire, multipliez l'ampérage par le voltage. Le total représente la puissance en **watts** tolérée par votre circuit; enlevez 20 % de ce chiffre et vous obtenez le capacité sécuritaire. Comparez ensuite la capacité sécuritaire du circuit à la demande totale de courant. Pour évaluer celle-ci, additionnez le «nombre de watts» de toutes les lampes, appareils et autres dispositifs branchés sur le circuit. Pour les lampes, lisez les indications sur les empoules et pour les appareils, l'étiquette du fabricant. Consultez le tableau qui suit pour être certain. Si vous doutez du nombre exat de watts de l'appareil, utilisez le chiffre le plus élevé.

Comparez alors la demande de courant à la capacité sécuritaire du circuit. Le demande ne doit pas dépasser cette capacité. Le cas échéant, vous devrez déplacer certains éléments vers un autre circuit. Vous pouvez aussi vous assurer que la demande de courant pour les appareils et lampes **utilisés en même temps** ne dépasse pas la capacité sécuritaire du circuit.

A X Volts	Capacité totale	Capacité sécuritaire
15 A x 120 V =	1800 Watts	1440 watts
20 A x 120 V =	2400 Watts	1920 watts
25 A x 120 V =	3000 Watts	2400 watts
30 A x 120 V =	3600 Watts	2880 watts
20 A x 240 V =	4800 Watts	3840 watts
30 A x 240 V =	7200 Watts	5760 watts

Déterminer la puissance en watts et l'ampérage

La puissance en watts des ampoules est imprimée sur celles-ci. Si une lampe comporte plusieurs ampoules, il faut additionner la puissance en watts de chaque ampoule.

La puissance en watts des appareils est souvent indiquée sur l'étiquette du fabricant. Sinon, consultez le tableau qui suit.

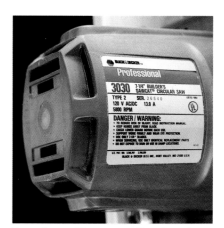

L'ampérage d'un appareil peut servir à trouver la puissance en watts. Il suffit de multiplier l'ampérage par le voltage du circuit. Par exemple, une scie circulaire de 13 ampères fonctionnant à 120 volts aura une puissance de 1 560 watts.

Exemple d'évaluation d'un circuit

Circuit _n.6_ **Ampères** _20_ **Volts** _120_ **Capacité totale (W)** _2400_ **Capacité sécuritaire** _1 920_

Appareil	Notes	Watts
Réfrigérateur	utilisation continue	480
Plafonnier	3 ampoules de 60 W	180
Micro-ondes		625
Ouvre-boîtes	occasionnel	144
Stéréo	radio-cassette	300
Plafonnier (entrée)	2 ampoules de 60 W	120
	Demande totale :	1 849 **watts**

Dans cet exemple, la capacité sécuritaire du circuit est respectée : la puissance utilisée est de 1 849 watts et la capacité totale se chiffre à 2 400 watts. Toutefois, l'ajout d'un appareil, comme une poêle à frire, pourrait surcharger le circuit.

Puissance en watts et ampérage de certains appareils

Appareil	ampères	Watts	Appareil	ampères	Watts
Aspirateur	6 à 11	720 à 1320	Mélangeur	2 à 4	240 à 480
Broyeur à ordures	3.5 à 7.5	420 à 900	Ordinateur	4 à 7	480 à 840
Cafetière	4 à 8	480 à 960	Ouvre-boîtes	1.2	144
Chaîne stéréo	2.5 à 4	300 à 480	Perceuse portative	2 à 4	420 à 480
Chauffe-eau	10,5 à 21 (240V)	2520 à 5040	Poêle à frire	9	1080
Climatiseur central	21 (240V)	5040	Ponceuse manuelle	2 à 5	240 à 600
Climatiseur (fenêtre)	6 à 13	720 à 1560	Radiateur portatif	7 à 12	840 à 1440
Compacteur à déchets	4 à 8	480 à 960	Réfrigérateur	2 à 4	240 à 480
Congélateur	2 à 4	240 à 480	Rôtissoire	12.5	1500
Cuisinière	16 à 32 (240V)	3840 à 7680	Scie à plateau	7 à 10	840 à 1200
Fer à repasser	9	1080	Scie circulaire	10 à 12	1200 à 1400
Four à micro-ondes	4 à 7	480 à 840	Sèche-cheveux	5 à 10	600 à 1200
Fournaise à gaz (air pulsé)	6.5 à 13	780 à 1560	Sécheuse à linge	16.5 à 34 (240V)	3960 à 8160
Gaufrier	7.5	900	Téléviseur couleur	2.5	300
Grille-pain	9	1080	Téléviseur noir et blanc	2	240
Lave-vaisselle	8.5 à 12.5	1020 à 1500	Toupie	8	960
Machine à coudre	1	120	Ventilateur portatif	2	240
Machine à laver	12.5	1500	Ventilateur de plafond	3.5	420

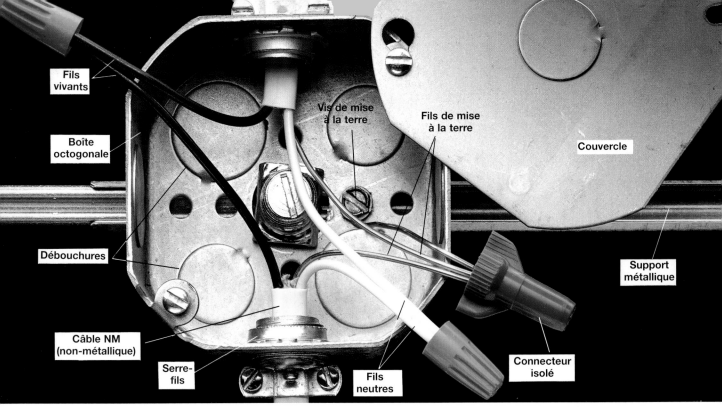

Les **boîtes octogonales** sont généralement employées pour les plafonniers. Les câbles entrent dans la boîte à travers les débouchures et sont retenus par des brides ou des serre-fils. Comme le plafonnier est fixé directement à la boîte, il faut s'assurer qu'elle est bien ancrée à un élément de structure. Il arrive qu'elle soit clouée directement à une solive. Il existe également des supports qui permettent de l'installer entre deux solives ou des montants. Une telle boîte, bien installée, peut supporter un plafonnier pesant jusqu'à 15 kilos. La boîte doit avoir un couvercle et aucune débouchure ne doit rester ouverte.

Les boîtes électriques

Le Code canadien d'électricité exige que toutes les connexions de fils pour les prises, interrupteurs et appareils d'éclairage soient placées dans des boîtes de métal ou de plastique. Cette mesure permet d'éviter que des étincelles électriques soient en contact avec la structure ou des matériaux inflammables.

Les boîtes électriques se présentent sous de nombreuses formes. Les boîtes rectangulaires ou carrées servent aux prises et aux interrupteurs. Les rectangulaires de format 2" X 3" servent pour les interrupteurs ou les prises doubles. Les boîtes carrées de 4" sur 4" sont utilisées pour deux interrupteurs ou le jumelage d'un interrupteur et de deux prises, comme c'est souvent le cas dans une cuisine ou un corridor. Les boîtes octogonales sont destinées aux appareils d'éclairage.

Toutes les boîtes sont disponibles en différentes profondeurs, et la bonne sera celle qui vous permet de ne pas trop tasser les fils et de manipuler facilement la prise ou l'interrupteur. Remplacez les boîtes trop petites en vous guidant sur le tableau suivant. Il est également stipulé dans le code que les boîtes doivent demeurer accessibles et qu'il ne faut pas les recouvrir de gypse, de bois ou de tapisserie.

Voir bloc-notes de l'inspecteur :
- Inspection des boîtes électriques (pages 116 et 117).
- Problèmes courants du câblage (pages 112 et 113).

Capacité des boîtes

Type de boîte	Nombre maximun de fils individuels*	
	Calibre 14	calibre 12
Rectangulaire		
2" x 3" X 2 1/2"	3	3
2" x 3" X 3 1/2"	5	4
Carrée		
4" x 4" X 1 1/2"	6	5
4" x 4" X 2 1/8"	9	7
Octogonale		
1 1/2"	4	3
2 1/8"	7	6

* Ne comptez pas les fils de relais et les fils de mise à la terre.

Les boîtes électriques standards

Côté amovible

Les **boîtes rectangulaires** servent aux interrupteurs et aux prises doubles. Les boîtes simples (photo) peuvent avoir un côté amovible pour permettre de les jumeler et en faire des boîtes doubles.

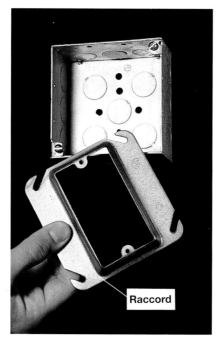

Raccord

Les **boîtes carrées de 4" X 4"** sont assez grandes pour la plupart des usages. On les utilise pour des dérivations ou pour les prises et interrupteurs jumelés. Pour installer une seule prise ou un interrupteur dans une boîte carrée, utilisez un raccord.

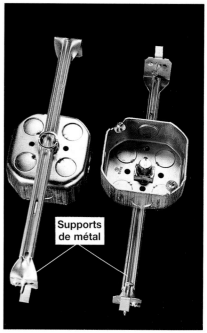

Supports de métal

Les **boîtes octogonales** avec un support peuvent être installées entre deux solives. Les supports métalliques s'allongent pour s'adapter à l'espace existant et ils sont cloués ou vissés en place.

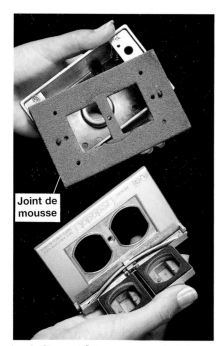

Joint de mousse

Les **boîtes extérieures** comportent des joints scellés et des joints d'étanchéité en mousse afin de protéger la prise ou l'interrupteur de l'humidité. Les parties de métal portent un enduit antirouille.

Agrafe latérale

Les **boîtes à agrafes** et à languettes servent à moderniser les installations. Le modèle illustré comporte des agrafes qui se resserrent contre les parois du mur et font tenir la boîte en place. Un autre type nécessite des ferrures d'appoint.

Les **boîtes de plastique** se retrouvent souvent dans les nouvelles constructions. Elles ne sont utilisées qu'avec des câbles NM (non métallique). Les clous sont parfois compris dans l'ensemble.

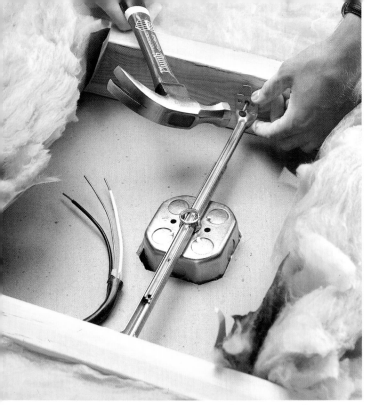

Les *boîtes électriques* s'avèrent nécessaires pour toutes les connexions de fils, et protègent le bois et les autres matériaux inflammables des étincelles électriques. Les boîtes devraient toujours être fixées aux solives ou aux montants.

Installer une boîte électrique

Posez une boîte électrique à chaque endroit où se situent des fils exposés ou des jonctions de câbles. On trouve quelquefois des fils exposés dans les vieilles demeures, où ils étaient branchés directement aux appareils. Les jonctions de câbles sont souvent situées aux endroits où les câbles circulent entre des solives ou des montants non recouverts, dans un sous-sol non fini par exemple.

Lorsque vous installez une boîte, assurez-vous d'avoir au moins 20 cm de fil à l'intérieur. Si les fils sont trop courts, vous pouvez utiliser des fils de relais pour combler la différence. S'il s'agit d'une boîte métallique, assurez-vous que le fil de mise à la terre du circuit soit fixé à la boîte.

Ce dont vous avez besoin :

Outils : vérificateur de circuit, tournevis, marteau, pince à usages multiples.
Matériaux : Vis ou clous, boîte électrique, connecteurs pour câbles, fils de relais, connecteurs isolés.

Installer une boîte de dérivation

1 Coupez l'alimentation électrique du circuit au tableau de distribution. Enlevez soigneusement les connecteurs ou le ruban électrique. Ne touchez pas aux fils à nu avant de les avoir testés.

2 Vérifiez le circuit en plaçant une sonde sur les fils noirs vivants et l'autre sonde sur les fils blancs et neutres. Le vérificateur ne devrait pas s'allumer. S'il le fait, c'est qu'il y a encore du courant. Coupez l'alimentation du circuit approprié au tableau de distribution et défaites la jonction des fils.

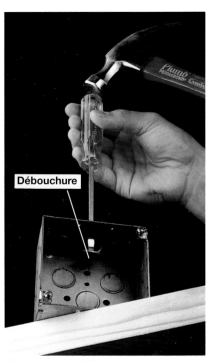

Débouchure

3 Ouvrez une débouchure pour chaque câble entrant dans la boîte, à l'aide d'un tournevis et d'un marteau. Les débouchures non utilisées doivent rester scellées.

4 Fixez la boîte à un élément de charpente en bois, à l'aide de vis ou de clous.

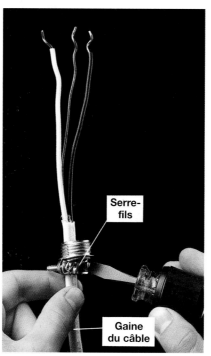

Serre-fils

Gaine du câble

5 Passez chaque câble dans un serre-fils. Resserrez légèrement avec un tournevis, en évitant d'endommager la gaine du câble.

Écrou de blocage

6 Insérez les câbles dans la boîte électrique et fixez chaque bride avec un écrou de blocage.

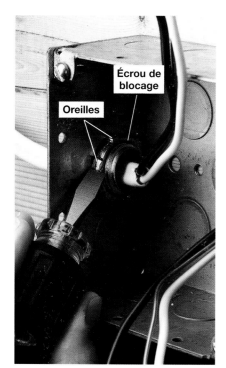

Écrou de blocage

Oreilles

7 Resserrez l'écrou de blocage en poussant sur les oreilles avec un tournevis .

Vis de mise à la terre

8 Utilisez des connecteurs isolés pour joindre les fils. Ajoutez un fil de relais entre le fil de mise à la terre vert et la vis de mise à la terre.

Couvercle

9 Repoussez soigneusement les fils dans la boîte et fixez le couvercle. Remettez le courant. Assurez-vous que la boîte demeure accessible.

Remplacer une boîte électrique

Remplacez toutes les boîtes trop petites pour le nombre de fils qui y sont connectés. Il est risqué de vouloir forcer des fils dans une boîte, les fils pouvant être endommagés et les connexions se relâcher, présentant ainsi un danger d'incendie.

On remarque les boîtes trop petites quand vient le temps de réparer ou de remplacer des prises, des inter-rupteurs ou des plafonniers. Si vous constatez que les fils y sont trop tassés, remplacez la boîte par une plus grande. Selon leur format, elles sont conçues pour accepter plus ou moins de fils.

Vous trouverez des boîtes de remplacement en métal ou en plastique dans toutes les quincailleries ou les centres de rénovation. Le plupart peuvent être installées sans endommager les murs.

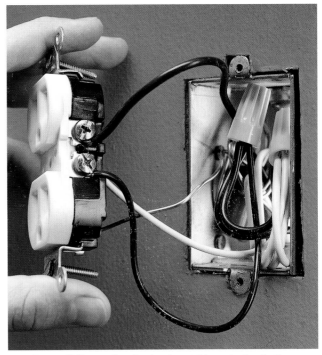

Ce dont vous avez besoin :

Outils : Tournevis, vérificateur de circuit, scie alternative ou mini-scie à métaux, marteau, pinces à long bec.
Matériaux : ruban plastifié, boîte électrique de remplacement avec languettes flexibles, vis de mise à la terre.

1 Coupez l'alimentation du circuit au tableau de distribution. Vérifiez s'il y a encore du courant à l'aide d'un vérificateur de circuit. Déconnectez et retirez la prise, l'interrupteur ou le plafonnier de le boîte.

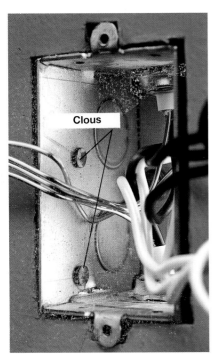

2 Examinez attentivement la boîte installée. A l'époque, on utilisait des clous pour fixer la boîte aux montants. Vous pourrez apercevoir leurs têtes, si c'est le cas.

3 Coupez les clous avec une scie à métaux, que vous glissez entre le montant et la boîte. Prenez garde de ne pas endommager les fils du circuit. Débranchez les fils.

Si la boîte est fixée par des ferrures d'ap-point, coupez-les à l'aide d'une scie alternative munie d'une lame à métaux. Évitez d'endommager les fils.

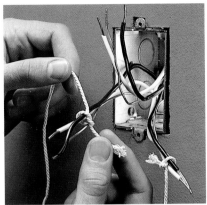

4 Pour ne pas perdre les fils dans le mur, joignez les fils de chaque câble et attachez-les à un bout de corde.

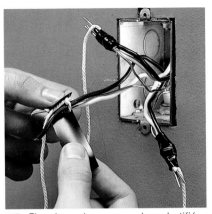

5 Fixez la corde avec un ruban plastifié d'électricien.

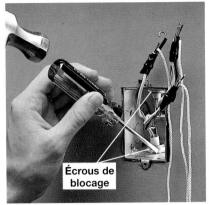

Écrous de blocage

6 Défaites les brides ou les écrous de blocage qui retiennent les fils à la boîte.

7 Retirez la vielle boîte du mur. Faites attention de ne pas endommager l'isolant des fils et tenez la corde pour ne pas perdre les fils à l'intérieur du mur.

8 Retenez les fils sur le rebord de l'orifice à l'aide d'un ruban plastifié.

9 Enlevez une débouchure pour chaque câble devant entrer dans la boîte. Utilisez un tournevis et un marteau.

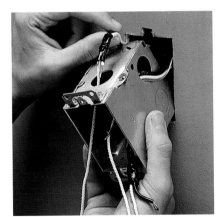

10 Glissez les fils à l'intérieur de la boîte tout en mettant celle ci en place. Fixez les serre-fils à l'intérieur. Enlevez les cordes.

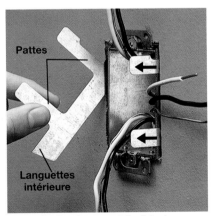

Pattes

Languettes intérieure

11 Insérez le support flexible de chaque côté de la boîte électrique. Tirez sur les pattes pour bien appuyer la languette intérieure contre le mur.

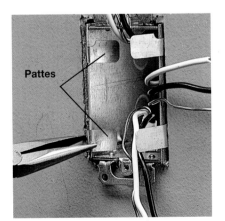

Pattes

12 Repliez les pattes sur les rebords de la boîte, à l'aide d'une pince à long bec. Installez le dispositif, prise ou interrupteur, et remettez le courant à partir du tableau de distribution.

Les **interrupteurs à bouton rotatif** avaient cours au début du siècle. Pour allumer et éteindre la lumière, on tournait, dans le sens horaire, le bouton dans son boîtier de céramique.

Les **boutons-poussoirs** étaient très à la mode entre 1920 et 1940. Certains sont encore utilisés. Il est possible de se procurer des imitations pour les travaux de restauration.

Les **interrupteurs à bascule** ont fait leur apparition dans les années 30. Les premiers modèles présentaient un boîtier en céramique scellé d'un papier isolant.

Problèmes courants des interrupteurs

En général, les interrupteurs sont actionnés plus de 1 000 fois par année. Pour cette raison, les contacts et les composantes risquent de s'user et de se relâcher. Si un interrupteur ne fonctionne pas convenablement, il doit être réparé ou remplacé.

Les méthodes de réparation et de remplacement varient quelque peu selon le type d'interrupteur et son emplacement sur le circuit. Pour s'y retrouver, il suffit d'identifier le type de dispositif et son mode de branchement. Même si les modèles varient d'un fabricant à l'autre, le principe reste le même.

Il est possible de remplacer la plupart des interrupteurs par des modèles perfectionnés, par exemple des interrupteurs à minuterie ou électroniques. Avant de procéder à leur installation, assurez-vous de leur compatibilité avec les branchements de la boîte.

Voir bloc-notes de l'inspecteur :
- Problèmes courants du câblage (pages 112 et 113).
- Vérifier les connexions (pages 114 et 115).
- Vérifier les interrupteurs et les prises (pages 120).

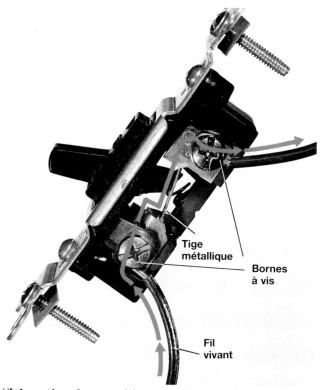

Tige métallique

Bornes à vis

Fil vivant

L'interrupteur type possède une tige de métal qui ouvre et coupe le circuit électrique. A la position ON, la tige complète le circuit et le courant circule entre les bornes et le long du fil thermique jusqu'à l'appareil. À la position OFF, la tige se soulève et interrompt le circuit. Des problèmes peuvent survenir quand les bornes sont lâches ou que la tige est usée.

Les **interrupteurs à bascule** ont subi des améliorations et sont maintenant les plus utilisés. Ils ont été les premiers à offrir un boîtier de plastique scellé protégeant le mécanisme de la poussière et de l'humidité.

Les **interrupteurs au mercure** ont vu le jour dans les années 60. Ils conduisent le courant électrique à l'aide d'un jet de mercure. Ils sont plus chers que les autres mais ils sont plus durables; certains portent une garantie de 50 ans.

L'**interrupteur à détecteur de mouvement** électronique possède un oeil à infrarouge allumant la lumière dès qu'une personne entre dans la pièce. Il peut offrir une certaine protection contre les intrus.

Problèmes	Solutions
Le fusible grille ou le disjoncteur bascule quand l'interrupteur est actionné :	1. Resserrez les fils de l'interrupteur. 2. Déplacez des lampes ou des appareils vers un autre circuit pour éviter les surchages. 3. Vérifiez le bon fonctionnement de l'interrupteur et remplacez-le si necessaire. 4. Réparez ou remplacez le plafonnier ou l'appareil défectueux.
Le plafonnier ou l'appareil branché directement au circuit ne fonctionne pas :	1. Remplacez l'ampoule. 2. Vérifiez le fusible ou le disjoncteur en vous assurant que le circuit est actif. 3. Vérifiez si les connexions sont lâches. 4. Vérifiez l'interrupteur et remplacez-le au besoin. 5. Réparez ou remplacez le plafonnier ou l'appareil.
L'ampoule clignote :	1. Resserrez l'ampoule. 2. Vérifiez la solidité des connexions de l'interrupteur. 3. Réparez ou remplacez la lampe ou l'interrupteur.
L'interrupteur émet des sons ou il est chaud au toucher :	1. Vérifiez si la connexion est lâche. 2. Vérifiez l'interrupteur et remplacez-le au besoin. 3. Déplacez des lampes ou des appareils vers d'autres circuits afin de réduire la demande.
Le levier de l'interrupteur ne reste pas en place :	1. Remplacez l'interrupteur.

Les interrupteurs

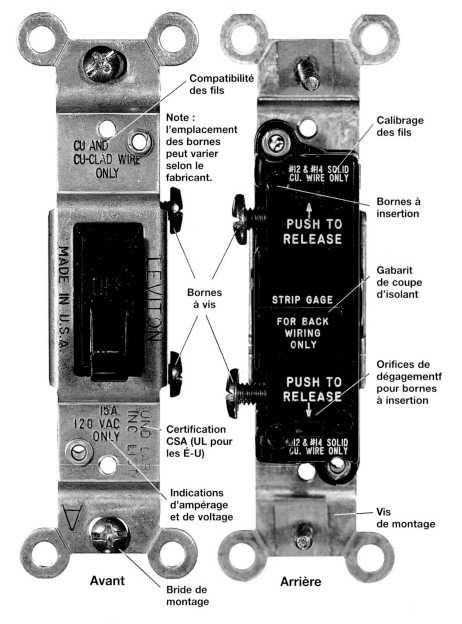

Compatibilité des fils

Note : l'emplacement des bornes peut varier selon le fabricant.

CU AND CU-CLAD WIRE ONLY

MADE IN U.S.A.

Bornes à vis

15A. 120 VAC ONLY

Certification CSA (UL pour les É-U)

Indications d'ampérage et de voltage

Avant

Bride de montage

Calibrage des fils

#12 & #14 SOLID CU. WIRE ONLY

Bornes à insertion

PUSH TO RELEASE

Gabarit de coupe d'isolant

STRIP GAGE

FOR BACK WIRING ONLY

Orifices de dégagementf pour bornes à insertion

PUSH TO RELEASE

#12 & #14 SOLID CU. WIRE ONLY

Vis de montage

Arrière

Il existe trois types d'interrupteurs muraux sur le marché. Avant de remplacer ou de réparer un interrupteur, il est important de choisir le bon.

Les interrupteurs à une voie contrôlent les lampes à partir d'un seul endroit. Les interrupteurs à trois voies peuvent contrôler des lampes situées dans deux endroits et ils sont toujours installés en paires. Quant aux interrupteurs à quatre voies, ils se raccordent aux circuits à trois voies sur lesquels on installe plus de deux interrupteurs pour un même appareil. Il est facile de déterminer le type d'interrupteur en comptant les bornes à vis qu'ils comportent : les types à une voie comptent deux bornes, tandis que ceux à trois voies et à quatre voies en comptent respectivement trois et quatre.

Certains interrupteurs possèdent une borne de mise à la terre de couleur verte. Il est obligatoire d'utiliser des interrupteurs mis à la terre; ils offrent une bien meilleure protection contre les chocs électriques.

Lorsque vous devez remplacer un interrupteur, choisissez toujours celui qui comporte le même nombre de bornes à vis que l'ancien. L'emplacement des bornes peut varier selon les fabricants, mais ces différences n'en affectent pas le fonctionnement.

Certains modèles récents ont des bornes à insertion en plus des bornes à vis. Certains interrupteurs spécialisés possèdent des fils d'amorce se branchant au circuit avec des connecteurs isolés.

L'**interrupteur mural** est relié aux fils du circuit par des bornes à vis ou des bornes à insertion placées à l'arrière du dispositif. Certains interrupteurs affichent le gabarit nécessaire permettant l'enlèvement d'une certaine quantité d'isolant afin d'effectuer les connexions.

Le corps de l'interrupteur est muni d'une ferrure permettant de le fixer à la boîte électrique. Plusieurs indications sont inscrites sur la ferrure et le boîtier. Ils doivent porter obligatoirement le sceau d'approbation CSA (ACNOR) et indiquer l'ampérage et le voltage maximum possibles. Le modèle standard affiche généralement 15 A et 120 volts. Les inscriptions 110,120 et 125 volts sont à titre indicatif.

Pour une installation standard, choisissez un interrupteur qui exige des fils de calibre 12 ou 14. Le fil numéro 14 est la norme au Québec. Quand le filage est en cuivre plein, n'utilisez que des interrupteurs conçus a cette fin. Pour les fils d'aluminium, n'utilisez que les interrupteurs spéciaux.

Les interrupteurs à une voie

C'est le type le plus utilisé. Vous trouverez l'inscription ON-OFF sur le levier et ce modèle sert généralement à contrôler une lampe, un appareil ou une prise à partir d'un seul endroit. L'interrupteur à une voie possède deux bornes à vis et certains sont aussi munis d'une vis de mise à la terre. Lorsque vous installez un tel interrupteur, assurez-vous que l'inscription ON apparaît quand le levier est levé.

Un interrupteur à une voie branché correctement possède un fil vivant relié à chacune des bornes. Toutefois, le couleur et le nombre de fils peuvent varier selon l'emplacement de la boîte sur le circuit.

Si deux câbles entrent dans la boîte, c'est qu'elle se trouve au milieu du circuit. Dans ce cas, les deux fils vivants branchés seront noirs.

S'il n'y a qu'un câble entrant dans la boîte, c'est que l'interrupteur se trouve en bout de circuit, dans la boucle. Un des fils vivants est noir et l'autre peut être blanc. Un fil vivant blanc est souvent marqué de noir.

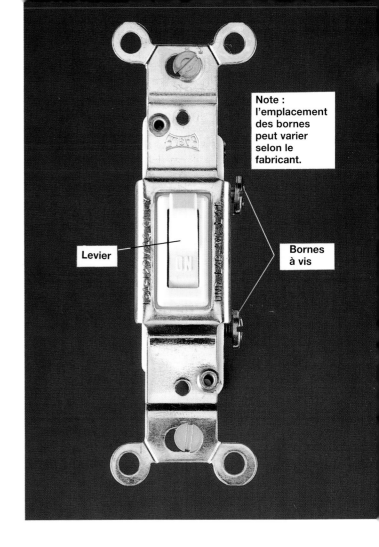

Levier

Bornes à vis

Note : l'emplacement des bornes peut varier selon le fabricant.

Branchement d'un interrupteur à une voie

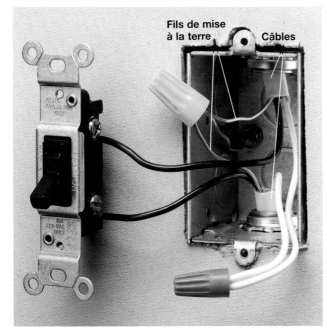

Fils de mise à la terre · Câbles

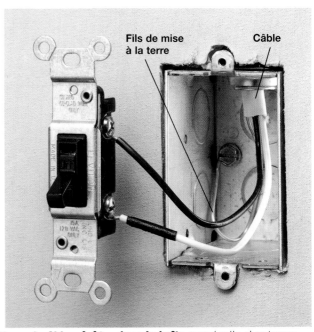

Fils de mise à la terre · Câble

Deux câbles entrent dans la boîte quand celle-ci se trouve au milieu d'un circuit. Chacun comporte un fil blanc, un fil noir et un fil de cuivre dénudé. Les fils noirs sont vivants et fixés aux bornes de l'interrupteur. Les fils blancs sont neutres et jumelés avec un connecteur. Le fil de mise à la terre est joint à la boîte.

Un seul câble pénètre dans la boîte quand celle-ci se trouve en bout de circuit. Le câble compte un fil noir et un fil blanc en plus d'un fil de cuivre dénudé. Dans ce cas, les deux fils isolés sont vivants et le fil blanc est souvent marqué en noir. Le fil de mise à la terre est branché à la boîte.

45

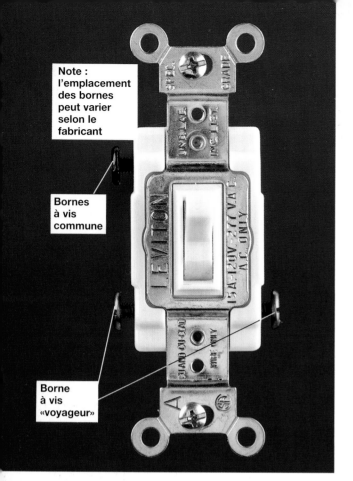

Note : l'emplacement des bornes peut varier selon le fabricant

Bornes à vis commune

Borne à vis «voyageur»

Les interrupteurs à trois voies

Ce type d'interrupteur comporte trois bornes et n'a pas d'inscriptions ON-OFF. Ces dispositifs sont toujours installés en paires et servent à contrôler des lampes situées dans des endroits différents. Une des bornes est munie d'une vis noire à laquelle est fixé le fil commun. L'endroit où se trouve cette borne peut varier selon les fabricants. Avant de débrancher un tel interrupteur, prenez soin d'identifier le fil qui y est branché; vous devrez le brancher à la borne commune du nouvel interrupteur.

Les deux autres bornes, avec des vis pâles, sont les bornes «voyageur». Elles sont interchangeables; les fils n'exigent donc pas d'identification.

Comme ces interrupteurs fonctionnent en paires, il est plus difficile d'identifier le dispositif défectueux; le plus utilisé est souvent le fautif. Toutefois, il faut examiner les deux afin de localiser l'origine du problème.

Installation à trois voies

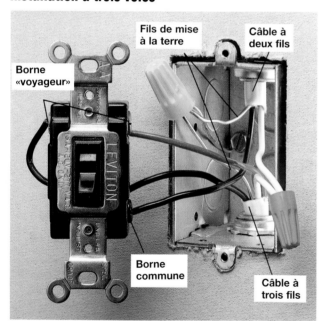

Borne «voyageur»

Fils de mise à la terre

Câble à deux fils

Borne commune

Câble à trois fils

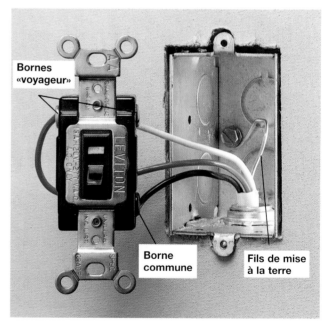

Bornes «voyageur»

Borne commune

Fils de mise à la terre

Deux câbles se rejoignent dans la boîte quand l'interrupteur se trouve au milieu d'un circuit. Un des câbles compte deux fils, en plus d'un fil de mise à la terre. Le fil noir du câble à deux fils se branche sur la borne commune à vis noire. Le fil rouge et le noir du câble à trois fils se branchent aux bornes dites «voyageur». Les fils neutres blancs sont joints par un connecteur et les fils de mise à la terre sont assemblés et branchés à la boîte,

Un seul câble pénètre dans la boîte si elle se trouve en bout de circuit. Ce câble comporte un fil noir, un fil rouge et un fil blanc en plus du fil de mise à la terre en cuivre dénudé. Le fil noir doit être branché sur la prise commune possédant une vis noire. Le fil rouge et le blanc sont reliés aux bornes "voyageur", alors que le fil de mise à la terre est vissé à la boîte.

Les interrupteurs à quatre voies

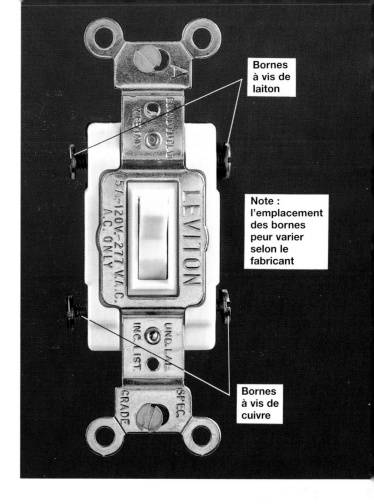

Bornes à vis de laiton

Note : l'emplacement des bornes peur varier selon le fabricant

Bornes à vis de cuivre

Les dispositifs de ce type possèdent quatre bornes à vis et pas d'inscriptions ON-OFF. Les interrupteurs à quatre voles sont toujours installés entre une paire d'interrupteurs à trois voies. Ce genre de branchement permet d'actionner une lampe à partir d'au moins trois endroits. Les interrupteurs à quatre voies sont rarement utilisés. On les rencontre surtout dans les très grandes maisons et les longs couloirs. Les problèmes sont généralement dus à de mauvais branchements ou à des interrupteurs usés.

Dans une installation typique, deux paires de fils de même couleur sont branchés aux quatre bornes. Pour s'y retrouver, les fabricants ont maintenant «coloré» les bornes, soit : une paire de vis en laiton et une autre en cuivre. Ainsi, lorsqu'un fil rouge est branché à une vis de cuivre, le second fil rouge devra être à l'autre vis de cuivre.

Installation type d'un interrupteur à quatre voies

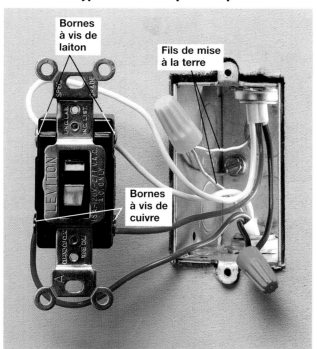

Bornes à vis de laiton

Fils de mise à la terre

Bornes à vis de cuivre

Quatre fils sont branchés à l'interrupteur à quatre voles. Une paire de fils de même couleur est branchée aux bornes de cuivre et l'autre paire aux bornes de laiton. La troisième paire est jointe à l'intérieur de le boîte à l'aide d'un connecteur. Les fils de mise à la terre sont reliés à la boîte par un fil de liaison.

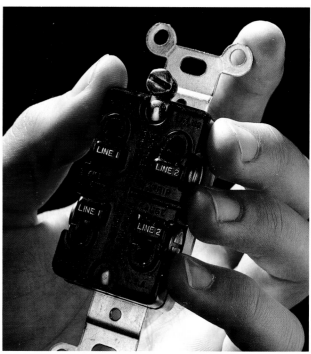

Variation : certains interrupteurs à quatre voies ont un guide de branchement. Pour l'interrupteur illustré, une paire de fils de même couleur sera branchée sur LINE 1 et l'autre sur LINE 2.

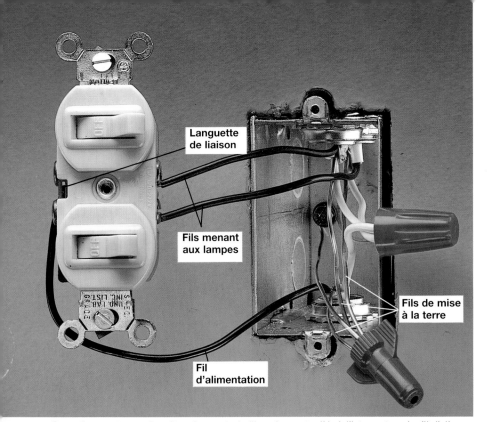

Branchement sur circuit unique : trois fils noirs sont reliés à l'interrupteur. Le fil d'alimentation noir est branché sur le côté de l'interrupteur possédant une languette de liaison. Les fils transportant le courant aux appareils d'éclairage, ou aux autres appareils, se trouvent du côté sans languette. Les fils neutres blancs sont connectés ensembles à l'aide d'un connecteur.

Les interrupteurs doubles

L'interrupteur double comporte deux leviers dans un même boîtier. Ce dispositif contrôle deux lampes ou appareils à partir d'une boîte simple.

En général, les deux interrupteurs sont alimentés par le même circuit. Dans ce cas, trois fils sont branchés à l'interrupteur double. Un fil d'alimentation fournit le courant aux deux moitiés de l'interrupteur. Les deux autres fils transportent le courant vers chacun des appareils.

Il arrive parfois que chaque interrupteur soit alimenté par un circuit différent. Dans ce type d'installation à circuits séparés, quatre fils sont branchés et la languette de liaison entre deux bornes est retirée.

Réamorcer un disjoncteur

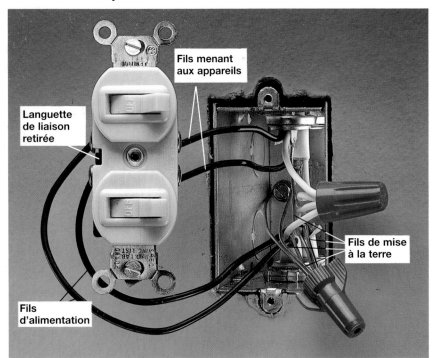

L'interrupteur à circuit divisé : quatre fils noirs sont reliés au dispositif. Les fils d'alimentation sont branchés du côté de la liaison et la languette de liaison est retirée. Les fils menant aux appareils sont branchés du côté opposé à la liaison. Les fils neutres blancs sont connectés ensembles par un connecteur isolé.

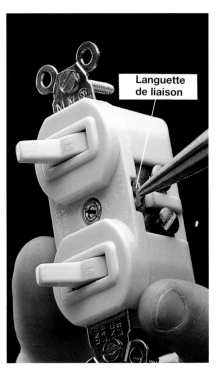

Enlevez la languette de liaison d'un interrupteur double lorsqu'il est relié à un circuit divisé. On la retire à l'aide de pinces à long bec ou d'un tournevis.

Interrupteur à lampe-témoin

La lampe-témoin, intégrée à l'interrupteur, indique si le courant se rend à l'appareil branché. Ces interrupteurs sont installés dans des endroits isolés, à l'abri des regards. On les utilise pour les sous-sols, les garages et les ventilateurs de greniers.

Ce type d'interrupteur exige un fil neutre. Une boîte contenant un seul câble à deux fils n'a que des fils vivants et ne peut être reliée à un interrupteur à lampe-témoin.

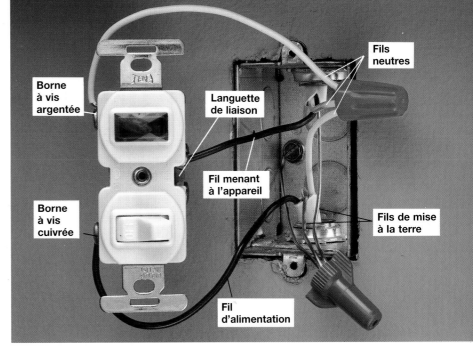

Branchement d'un interrupteur à lampe-témoin : trois fils sont reliés à l'interrupteur, dont le fil d'alimentation noir transportant le courant à la boîte. Celui-ci se branche à la borne à vis cuivrée du côté sans languette de liaison. Les fils neutres blancs sont reliés par un relais à la borne argentée. Le fil noir menant à l'appareil est branché du côté de la languette de liaison.

Interrupteur-prise

Ce dispositif combine une prise de courant et un interrupteur à une voie. Dans une pièce qui manque de prises de courant, un interrupteur-prise peut être fort utile.

L'interrupteur-prise exige un fil neutre. Une boîte contenant un seul câble à deux fils ne compte que deux fils vivants et ne peut être reliée à ce genre de dispositif.

Ce type d'interrupteur s'installe de deux manières. En général, la prise est active (vivante) même si l'interrupteur est fermé (photo de gauche). Ailleurs, la prise est vivante seulement si l'interrupteur est ouvert. Dans ce cas, les fils vivants sont inversés afin que le fil d'alimentation soit branché sur la borne à vis cuivrée du côté opposé à celui de la languette.

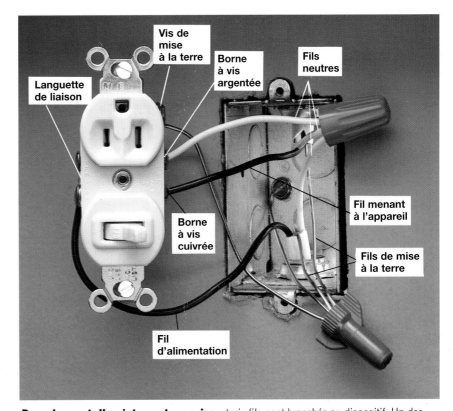

Branchement d'un interrupteur-prise : trois fils sont branchés au dispositif. Un des fils vivants est le fil d'alimentation conduisant le courant à la boîte. Il est branché du côté de la liaison. L'autre fil vivant transporte le courant à l'appareil et se branche à la borne cuivrée du côté **sans liaison.** Les fils neutres blancs sont reliés par un relais à la borne argentée. Les fils de mise à la terre doivent être reliés par un relais à la vis verte de l'interrupteur jusqu'à la boîte.

49

Les interrupteurs spéciaux

Il existe un vaste choix d'interrupteurs aux fonctions variées. Le **rhéostat** permet de tamiser la lumière lors des repas, tandis que les minuteries peuvent contrôler des appareils d'éclairage ou de ventilation. Les interrupteurs électroniques contribuent à la sécurité du foyer et sont généralement très fiables.

La plupart des interrupteurs à une voie peuvent être remplacés par ces types d'interrupteurs. Ces derniers possèdent habituellement des fils de liaison à la place des bornes et ils se branchent aux fils du circuit à l'aide de connecteurs. Toutefois, certaines minuteries munies d'un moteur exigent un fil neutre et ne peuvent être branchées aux boîtes ne comptant que des fils vivants. Dans le cas d'un interrupteur défectueux, vous pouvez faire une vérification de continuité à l'aide d'un vérificateur de circuit, comme sur les minuteries. Les rhéostats ne peuvent cependant être vérifiés ni les fonctions automatiques des interrupteurs électroniques.

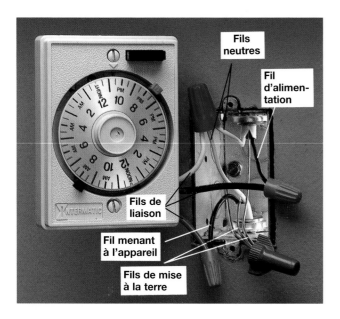

Fils neutres

Fil d'alimentation

Fils de liaison

Fil menant à l'appareil

Fils de mise à la terre

Minuteries journalières

Les minuteries journalières sont munies d'un cadran actionné par un moteur électrique fournissant du courant quotidiennement durant une période pré-établie. Elles servent surtout à l'éclairage extérieur.

Ces interrupteurs comportent trois fils de liaison. Le fil noir sa branche au fil vivant conduisant l'électricité à la boîte, et le fil rouge se connecte à celui qui transporte le courant à l'appareil. Le troisième fil est neutre et doit être relié à un second fil neutre. Si la boîte n'en a pas, il est impossible de brancher ce type d'interrupteur.

Lors d'une panne de courant, la minuterie devra être réglée de nouveau.

Minuterie à ressort

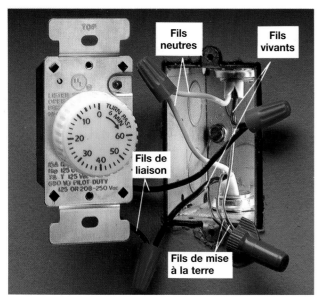

Fils neutres

Fils vivants

Fils de liaison

Fils de mise à la terre

Ce type de minuterie se remonte manuellement, permettant de couper le courant au bout d'une minute à une heure. Ce modèle est surtout utilisé pour les ventilateurs et les lampes solaires ou chauffantes.

Le fil de liaison noir est branché aux fils vivants du circuit. Si la boîte comporte des fils neutres, ils sont alors liés par un connecteur. Les fils de mise à la terre sont branchés à la boîte à l'aide d'un fil de relais.

Ce type de minuterie ne nécessite pas de fil neutre. Elle peut donc être branchée dans une boîte contenant un ou deux câbles.

Interrupteurs automatiques

Un interrupteur automatique utilise un rayon étroit infrarouge pour détecter le mouvement. Ainsi, lorsqu'une main passe à quelques pouces du rayon, un signal électronique ouvre ou ferme l'interrupteur. Quelques modèles sont également munis d'un rhéostat manuel. Les interrupteurs automatiques sont surtout utiles aux personnes handicapées.

Ces interrupteurs n'ont pas besoin d'être branchés à un fil neutre. Ils peuvent donc être connectés à des boîtes contenant un ou deux câbles. Le branchement se fait à l'aide de connecteurs isolés.

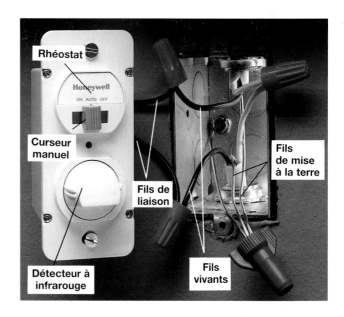

Les interrupteurs à détecteur de mouvement

Grâce à son rayon obtus, cet interrupteur permet d'allumer un appareil dès que le dispositif perçoit un mouvement. Quand celui-ci cesse, l'appareil s'éteint.

Le plupart de ces interrupteurs possèdent également un contrôle manuel. Les modèles haut de gamme comportent aussi un contrôle d'ajustement sensitif ainsi qu'un retardateur de fermeture.

Ces dispositifs n'ont pas besoin de fil neutre; ils peuvent donc être branchés dans des boîtes contenant un ou deux câbles. Les fils de liaison sa branchent aux fils du circuit à l'aide de connecteurs.

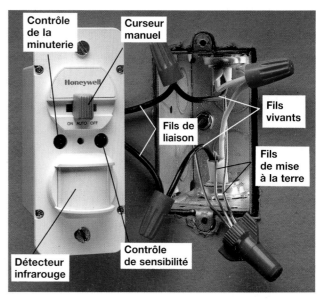

Interrupteurs programmables

Les interrupteurs programmables permettant quatre cycles d'ouverture et de fermeture par 24 heures. Les gens qui s'absentent de la maison les affectionnent particulièrement; ces dispositifs leur procurent une certaine sécurité contre les effractions.

Les interrupteurs programmables n'ont pas besoin de fil neutre, ils peuvent donc être branchés dans des boîtes à un ou deux câbles, Le branchement s'effectue à l'aide de connecteurs.

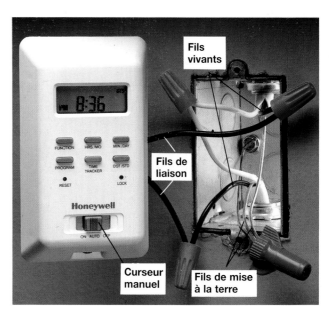

Vérifier la continuité des interrupteurs

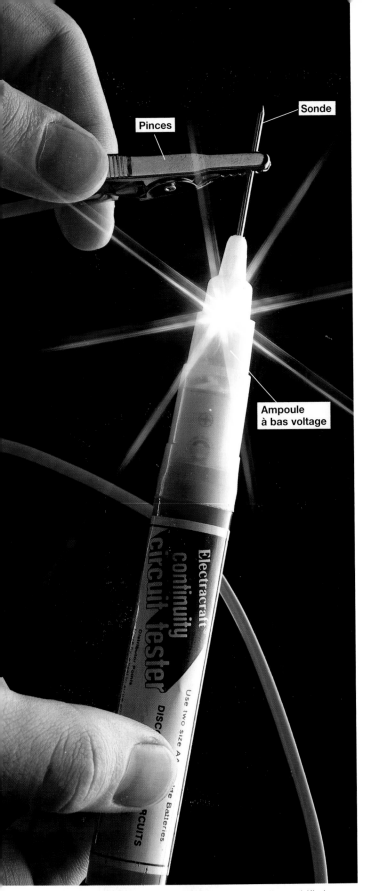

Un interrupteur défectueux peut comporter des pièces usées ou brisées. Pour vérifier les pièces internes, il faut utiliser un vérificateur de continuité, ou de ligne, qui détectera avec précision l'endroit où le courant est interrompu. Remplacez l'interrupteur si le vérificateur identifie un problème.

N'utilisez jamais un vérificateur sur un interrupteur sous tension. Il faut toujours couper l'alimentation avant de procéder à ce test.

Certains interrupteurs spéciaux, comme les rhéostats, ne peuvent être testés avec un vérificateur de continuité. Toutefois les fonctions manuelles des interrupteurs électroniques pourront l'être, mais non leurs fonctions automatiques.

Ce dont vous avez besoin :
Outils : vérificateur de continuité.

Vérifier un interrupteur à une voie

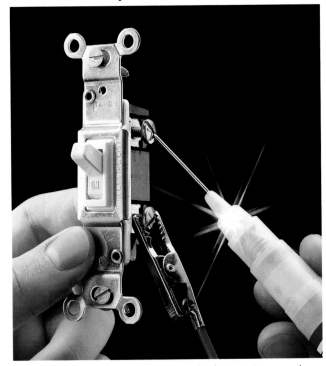

Fixez la pince du vérificateur sur une des bornes et appuyez la sonde sur l'autre borne. Actionnez l'interrupteur. S'il est en bon état, le vérificateur s'allumera en position ouverte seulement.

Le **vérificateur de continuité** fonctionne à pile et vérifie les liens métalliques des interrupteurs et des autres dispositifs électriques. Essayez le vérificateur en branchant la pince sur la sonde, la lumière devrait s'allumer. Sinon, la pile ou l'ampoule est défectueuse.

Vérifier un interrupteur à trois voies

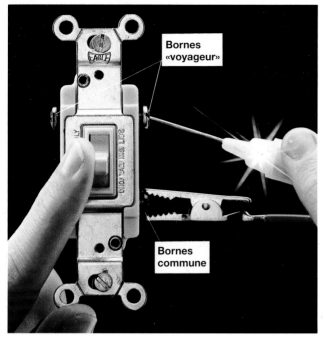

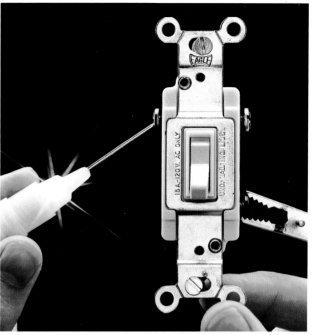

1 Attachez la pince à la borne commune noire. Appuyez la sonde sur une borne «voyageur» et actionnez le levier. Si l'interrupteur est en bon état, le vérificateur s'allumera quand le levier sera dans une ou l'autre des positions.

2 Posez la sonde sur l'autre borne et actionnez de nouveau le levier. L'interrupteur est en bon état si le vérificateur s'allume quand le levier est dans la position opposée à celle du test positif précédent.

Vérifier un interrupteur à quatre voies

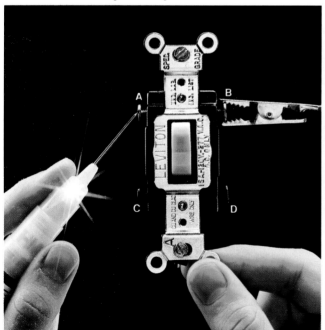

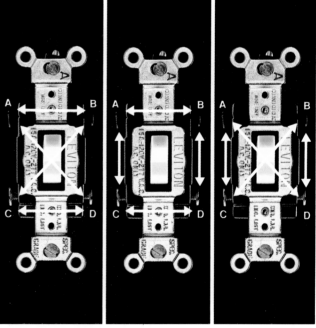

1 Vérifiez l'interrupteur en touchant chacune des bornes de la même paire avec la sonde et la pince du vérificateur (A-B, C-D, A-D, B-C, A-C, B-D). Ce test doit montrer la continuité entre deux paires de bornes différentes. Actionnez le levier dans l'autre position et répétez l'opération. Le test devrait confirmer la continuité entre les deux paires de bornes différentes.

2 Si l'interrupteur est en bonne condition, le test révélera un total de quatre continuités entre les bornes, soit deux continuités à chacune des positions du levier. Dans le cas contraire, changez l'interrupteur. Les jumelages peuvent varier selon les fabricants; la photo montre ici trois configurations possibles.

53

Vérifier un interrupteur à lampe-témoin

1 Vérifiez ce type d'interrupteur en le mettant en position ouverte. Assurez-vous que l'appareil qu'il contrôle fonctionne. Si la lampe-témoin ne s'allume pas et que l'appareil opère, elle est défectueuse et elle doit être remplacée.

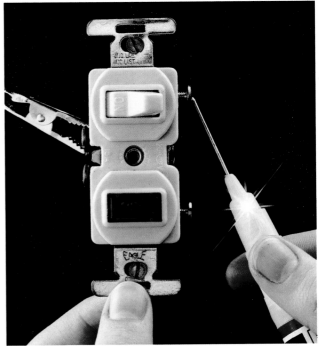

2 Retirez l'interrupteur de la boîte, Le levier en position ON, attachez la pince du vérificateur à une borne supérieure et placez la sonde à la borne supérieure du côté opposé. L'interrupteur est en bon état si le vérificateur s'allume en position ouverte seulement.

Vérifier une minuterie journalière

1 Attachez la pince du vérificateur au fil de liaison rouge de l'interrupteur et touchez le fil vivant noir avec la sonde. Tournez la minuterie dans le sens horaire jusqu'à ce que la languette rouge ON soit vis-à-vis la flèche. Le vérificateur devrait alors s'allumer. Sinon, l'interrupteur est défectueux et il faut le remplacer.

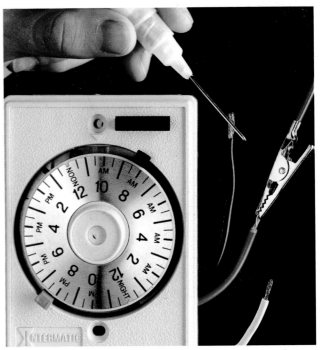

2 Faites tourner la minuterie jusqu'à ce que la languette noire OFF soit vis-à-vis la flèche. Le vérificateur ne doit pas s'allumer. Dans le cas contraire, la minuterie est défectueuse et il faut la remplacer.

Vérifier un interrupteur-prise

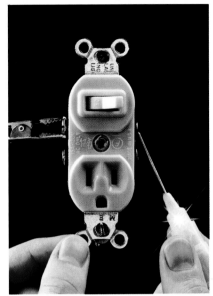

Attachez la pince à une borne supérieure et appuyez la sonde sur la borne supérieure du côté opposé. Actionnez l'interrupteur; le vérificateur devrait s'allumer en position ouverte seulement.

Vérifier un interrupteur double

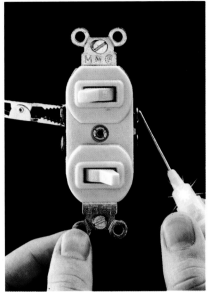

vérifiez chaque moitié de l'interrupteur double en fixant la pince d'un côté et en appuyant la sonde de l'autre. L'interrupteur est en bonne condition si le vérificateur s'allume quand l'interrupteur est en position ouverte.

Vérifier une minuterie à ressort

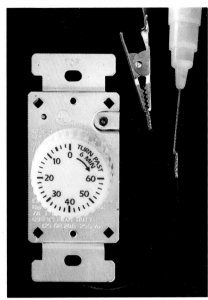

Attachez la pince à un des fils de liaison et touchez l'autre avec la sonde. Réglez la minuterie à quelques minutes. Si elle est en bon état, le vérificateur s'allumera et il s'éteindra le temp écoulé.

Vérifier les fonctions manuelles des interrupteurs électroniques

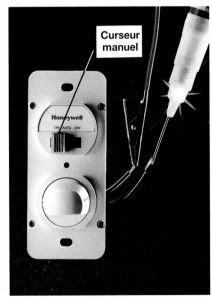

Interrupteur automatique : attachez la pince à un fil de liaison noir et touchez l'autre avec la sonde. Actionnez l'interrupteur manuel. Il est en bonne condition si le vérificateur s'allume en position ouverte ON.

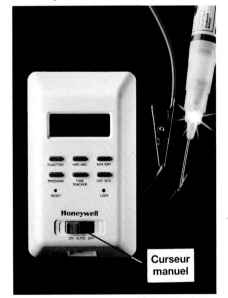

Interrupteur programmable : pincez un des fils de liaison et touchez l'autre avec la sonde. Actionnez l'interrupteur; il est en bonne condition si le vérificateur s'allume en position ouverte seulement.

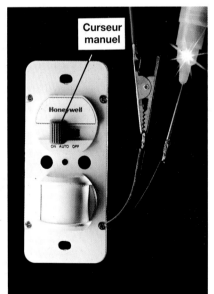

Interrupteur à détecteur de mouvement : attachez la pince à un des fils et touchez l'autre avec la sonde du vérificateur. Actionnez l'interrupteur manuellement. Il est en bon état, si le vérificateur s'allume en position ouverte.

Réparer et remplacer les interrupteurs muraux

Le plupart des problèmes reliés aux interrupteurs sont causés par des connexions lâches. Si un fusible grille ou un disjoncteur bascule en actionnant l'interrupteur, il se peut qu'un fil soit en contact avec la boîte. Les fils lâches provoquent également la surchauffe ou le bourdonnement des interrupteurs.

On attribue aussi certaines défectuosités à l'usure des pièces internes. Une vérification s'impose et elle s'effectue en débranchant et en vérifiant la continuité de l'interrupteur. Si à la suite de cette vérification une faiblesse est décelée, changez l'interrupteur.

Ce dont vous avez besoin :

Outils : tournevis, vérificateur de circuit, vérificateur de continuité, pince à usages multiples.
Matériaux : papier abrasif fin, pâte anti-oxydante (pour fils d'aluminium).

Voir bloc-notes de l'inspecteur :
• Problèmes courants du câblage (pages 112 et 113).
• Vérifier les connexions (pages 114 et 115).
• Inspection des boîtes électriques (pages 116 et 117).
• Vérifier les interrupteurs et les prises (pages 120).

Réparer ou remplacer un interrupteur à une voie

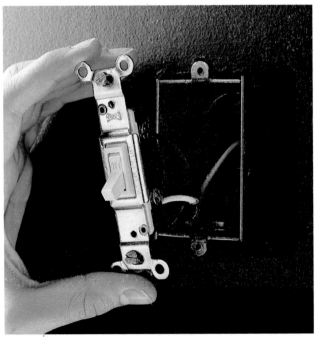

1 Coupez l'alimentation de l'interrupteur au tableau de distribution et retirez la plaque.

2 Enlevez les vis qui retiennent l'interrupteur à la boîte, En le tenant par les brides de montage, sortez-le. Evitez de toucher aux fils dénudés ou aux bornes avant d'avoir vérifié s'il y a encore du courant.

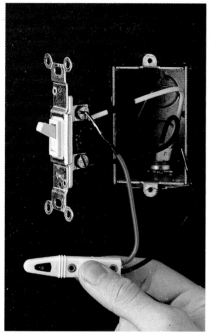

3 Vérifiez s'il y a du courant en appliquant une des sondes du vérificateur de continuité à la boîte, ou au fil de mise à la terre dénudé, et appuyez l'autre sonde à chacune des bornes à vis. Le vérificateur ne devrait pas s'allumer. S'il s'allume, c'est qu'il y a du courant; retournez au tableau et coupez le bon circuit.

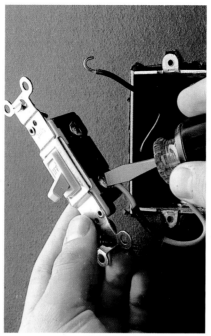

4 Débranchez les fils du circuit de l'interrupteur. Vérifiez la continuité de ce dernier et remplacez-le s'il y a lieu. Si les fils sont trop courts, ajoutez des fils de liaison.

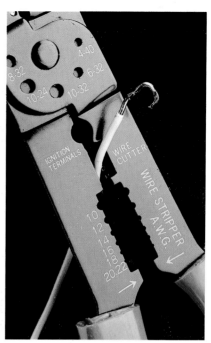

5 Coupez la partie endommagée des fils défectueux et dénudez environ 3/4" de fil avec une pince à usages multiples.

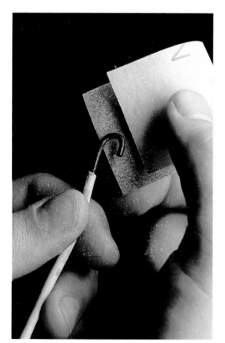

6 Nettoyez les fils de cuivre noircis ou salis avec un papier abrasif. Enduisez les fils d'aluminium d'une pâte anti-oxydante avant de les rebrancher.

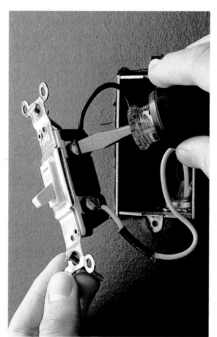

7 Branchez les fils à l'interrupteur. Serrez fermement les vis sans les forcer pour ne pas endommager leur tête.

8 Remettez l'interrupteur en place en tassant délicatement les fils dans la boîte. Posez la plaque et rétablissez le courant au tableau.

Réparer ou remplacer un interrupteur à trois voies

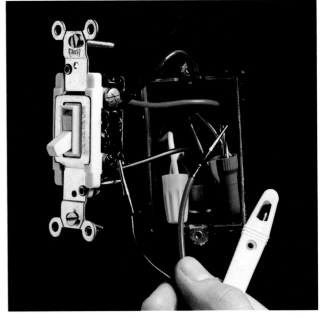

1 Coupez l'alimentation du circuit au tableau de distribution et retirez la plaque ainsi que les vis de montage. En tenant l'interrupteur par les brides, sortez-le de la boîte, Evitez de toucher aux fils dénudés ou aux bornes avant d'avoir vérifié s'il y a du courant.

2 Vérifiez la continuité de l'interrupteur en appuyant une des sondes du vérificateur de continuité sur la boîte ou un fil de mise à la terre dénudé. Le vérificateur ne doit pas s'allumer. Dans le cas contraire, coupez le bon circuit au tableau.

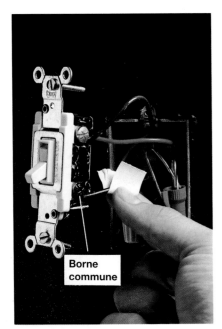

Borne commune

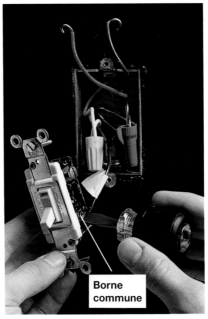

Borne commune

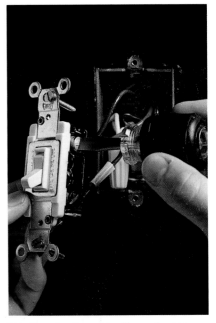

3 Repérez la borne commune à vis foncée et identifiez le fil qui y est branché. Débranchez les fils et enlevez l'interrupteur. Vérifiez la continuité de ce dernier et remplacez-le si nécessaire. Inspectez les fils et réparez-les s'ils sont endommagés.

4 Branchez le fil commun à la borne à vis commune. Cette borne est habituellement en cuivre et elle est parfois identifiée à l'endos de l'interrupteur par le mot COMMON.

5 Branchez les autres fils aux bornes argentées ou en laiton. Ces fils sont interchangeables et peuvent être branchés à l'une ou l'autre des bornes. Remettez l'interrupteur et son couvercle en place et rétablissez le courant au tableau de distribution.

Réparer ou remplacer un interrupteur à quatre voies

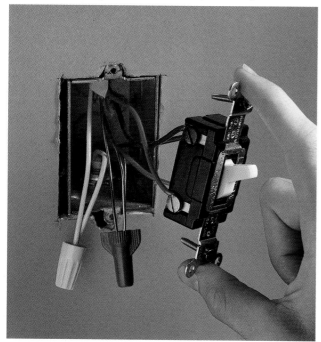

1 Coupez l'alimentation au tableau de distribution et retirez la plaque ainsi que les vis de montage. En le tenant pas les brides, sortez l'interrupteur de la boîte. Evitez de toucher aux fils dénudés ou aux bornes avant d'avoir vérifié s'il y a du courant.

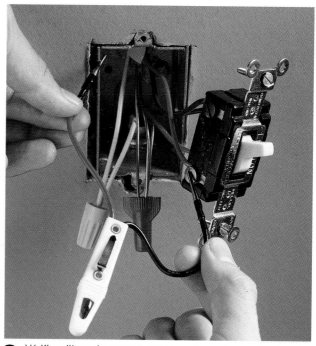

2 Vérifiez s'il y a du courant en appuyant une des sondes du vérificateur de continuité sur la boîte, ou sur un fil de mise à la terre dénudé, et l'autre sonde sur chacune des bornes à vis. Le vérificateur ne devrait pas s'allumer, s'il n'y a pas de courant, sinon, coupez le bon circuit au tableau de distribution.

3 Débranchez les fils et inspectez leur état. Réparez les fils endommagés, s'il y a lieu. Vérifiez la continuité de l'interrupteur et remplacez-le s'il est défectueux.

4 Branchez deux fils de même couleur aux bornes à vis de laiton. Sur l'interrupteur illustré, ces bornes sont identifiées LINE 1.

5 Branchez les autres fils aux bornes à vis de cuivre identifiées LINE 2 sur certains interrupteurs. Tassez délicatement les fils dans la boîte, fixez l'interrupteur et posez la plaque. Rétablissez le courant au tableau de distribution.

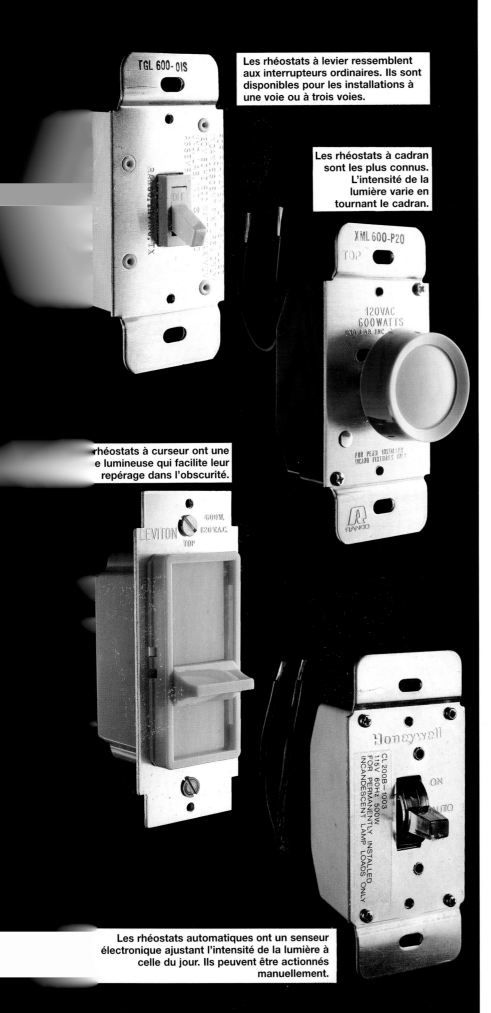

Les rhéostats à levier ressemblent aux interrupteurs ordinaires. Ils sont disponibles pour les installations à une voie ou à trois voies.

Les rhéostats à cadran sont les plus connus. L'intensité de la lumière varie en tournant le cadran.

rhéostats à curseur ont une e lumineuse qui facilite leur repérage dans l'obscurité.

Les rhéostats automatiques ont un senseur électronique ajustant l'intensité de la lumière à celle du jour. Ils peuvent être actionnés manuellement.

Les rhéostats

Un rhéostat permet de varier l'intensité du courant électrique. Ces dispositifs sont souvent destinés aux salles à manger ou aux chambres à coucher pour tamiser la lumière.

Tous les interrupteurs à une voie peuvent être ramplacés par un rhéostat. Si la grosseur de la boîte le permet. Plus gros qu'un interrupteur ordinaires, le rhéostat dégage un peu de chaleur qu'il faut dissiper. Ces dispositifs ne doivent donc jamais être installés dans une boîte trop petite ou contenant trop de fils de circuit. Suivez les recommandations du fabricant concernant l'installation.

Si les interrupteurs installés sont à trois voies, un des interrupteurs pourra être remplacé par un rhéostat spécial à trois voies. Dans ce cas, tous les interrupteurs pourront allumer ou éteindre la lumière, mais seul le rhéostat permettra d'en varier l'intensité.

Il existe différents modèles de rhéostats. Ils possèdent tous des fils de liaison au lieu de bornes et ils se branchent aux fils du circuit à l'aide de connecteurs. Quelques-uns comportent un fil de mise à la terre qui doit être relié à la boîte de mise à la terre ou au fil de mise à la terre en cuivre dénudé.

Ce dont vous avez besoin :

Outils : tournevis, vérificateur de ligne, pinces à long bec.
Matériaux : connecteurs, ruban-cache.

Voir bloc-notes de l'inspecteur :

• Vérifier les connexions (pages 114 à 117).

Installer un rhéostat

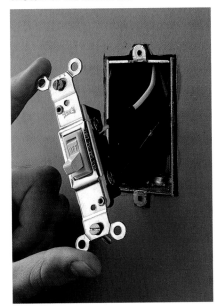

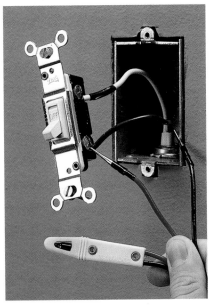

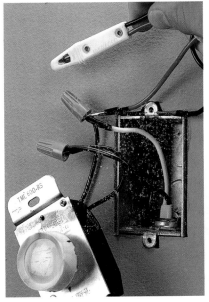

1 Coupez l'alimentation au tableau de distribution et retirez la plaque et les vis de montage de l'interrupteur. En le tenant par les brides, sortez-le de la boîte. Evitez de toucher aux fils dénudés ou aux bornes avant d'avoir vérifié s'il y a du courant.

2 Vérifiez s'il y a du courant en appuyant une des sondes du vérificateur de continuité sur la boîte, ou sur un fil de mise à la terre dénudé, et l'autre sonde sur chacune des bornes de l'interrupteur. Le vérificateur ne doit pas s'allumer. Dans le cas contraire, retournez au tableau et coupez le bon circuit.

Si vous remplacez un vieux rhéostat, vérifiez le courant à l'aide du vérificateur de continuité en appuyant une sonde sur la boîte, ou le fil de mise à la terre, et insérez l'autre sonde dans chacun des connecteurs. Le vérificateur ne doit pas s'allumer. Dans la cas contraire, coupez le bon circuit au tableau.

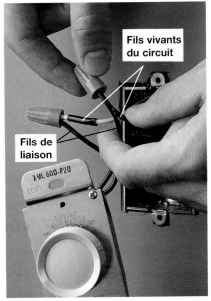

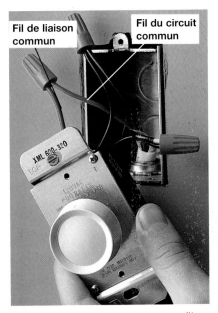

3 Débranchez les fils du circuit et enlevez l'interrupteur. Redressez l'extrémité des fils et coupez-les en laissant environ 1/2" de fil dénudé.

4 Branchez les fils du circuits aux fils de liaison avec des connecteurs. Les fils de liaison sont interchangables et ils peuvent être branchés à l'un ou l'autre des fils du circuit.

Les rhéostat à trois voies comporte un fil de liaison additionnel. Ce fil de liaison «commun» se branche sur le fil de circuit commun. Dans le remplacement d'un interrupteur standard à trois voies par un rhéostat, le fil de circuit commun se trouve branché à la borne à vis foncée du vieil interrupteur.

61

Les prises anciennes étaient pourvues de douilles de lampes. On les retrouve surtout dans les installations du début du siècle.

Les problèmes de prises

Les prises résidentielles ne comportent pas de pièces mobiles et peuvent durer des années sans entretien. La plupart des problèmes associés aux prises sont causés par les lampes et les appareils, ainsi que par leur cordon ou leur fiche. Toutefois, le branchement et le débranchement fréquent des fiches peut user les contacts métalliques à l'intérieur des prises. Toute prise ne retenant pas fermement les fiches doit être remplacée.

Le branchement lâche d'un fil peut également être la source de problèmes. Une connexion faible peut provoquer des étincelles, déclencher un coupe-circuit, griller un fusible ou produire de la chaleur dans la boîte, créant ainsi un risque d'incendie.

Les fils peuvent se relâcher pour diverses raisons. Les vibrations des pas dans la maison ou la circulation dans la rue peuvent contribuer à ce relâchement. Les fils chauffant et refroidissant normalement à l'usage, ils peuvent se dilater et se contracter légèrement, entraînant ainsi un affaiblissement de leurs liens aux vis des bornes.

La prise à polarité est apparue dans les années 20. Les fentes de grandeurs différentes permettent d'orienter le courant pour accroître la sécurité.

Voir bloc-notes de l'inspecteur :
- Vérifier les connexions (pages 114 et 115)
- Inspection des boîtes électriques (pages 116 et 117)
- Vérifier les interrupteurs et les prises (pages 120)

Le disjoncteur de fuite à la terre (GFCI) est un dispositif de sécurité récent. Dès qu'il y a une légère variation de courant, celui-ci est immédiatement coupé.

Problèmes	Solutions
Le disjoncteur bascule à répétition ou le fusible grille :	1. Réparez ou remplacez la lampe ou le cordon de l'appareil. 2. Branchez les appareils sur un autre circuit pour éviter la tension. 3. Resserrez les connexions. 4. Nettoyer les extrémités sales ou oxydées des fils.
La lampe ou l'appareil ne fonctionne pas :	1. Vérifiez si l'appareil est branché. 2. Remplacez les ampoules grillées. 3. Réparez ou remplacez les cordons. 4. Resserrez les connexions lâches. 5. Nettoyez les fils sales ou oxydés. 6. Réparez ou remplacez les prises défectueuses.
La prise ne maintient pas bien les fiches :	1. Réparez ou remplacez les fiches. 2. Remplacez les prises défectueuses.
La prise dégage de la chaleur, émet un bourdonnement ou fait des étincelles quand ou y insère ou enlève les fiches	1. Branchez les appareils sur un autre circuit pour éviter la surtension. 2. Resserrez les connexions lâches. 3. Nettoyez les fils sales ou oxydés. 4. Remplacez la prise défectueuses.

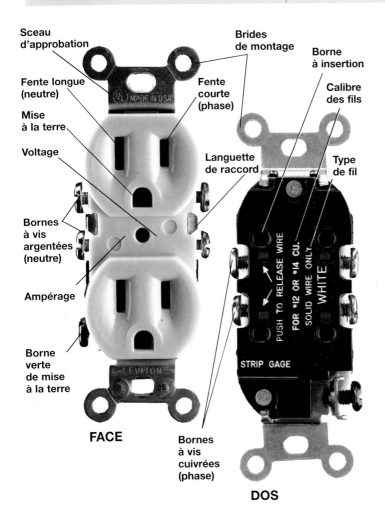

Sceau d'approbation

Brides de montage

Borne à insertion

Fente longue (neutre)

Fente courte (phase)

Calibre des fils

Mise à la terre

Voltage

Languette de raccord

Type de fil

Bornes à vis argentées (neutre)

Ampérage

Borne verte de mise à la terre

FACE

Bornes à vis cuivrées (phase)

DOS

La prise double ordinaire peut recevoir deux fiches. Chaque moitié a une fente neutre de forme allongée, une fente étroite conductrice de courant et une fente en U de mise à la terre. Cette configuration permet de recevoir les fiches à trois branches. Le branchement entre la prise et la fiche peut ainsi être polarisé et mis à la terre pour accroître la sécurité.

Les fils sont branchés à la prise par des bornes à vis ou à insertion. Une languette de raccord entre les bornes à vis offre différentes combinaisons de branchement. Les prises comportent également des brides pour les fixer aux boîtes électriques.

Des sceaux d'approbation d'agences de normalisation se trouvent sur la face et à l'endos des prises. Recherchez le sigle UL, ACNOR ou CSA pour être certain que le dispositif respecte les normes en vigueur.

La prise affiche l'évaluation maximale de son ampérage et de son voltage. La prise ordinaire est classée 15 A, 125V. Celle comportant l'inscription CU ou COPPER est utilisée avec des fils de cuivre plein. Celle marquée CUCLAD ONLY s'utilise avec du fil d'aluminium recouvert de cuivre. Seules les prises affichant CO/ALR peuvent être employées avec des fils d'aluminium. Les Codes interdisent l'usage des prises AL/CU avec le fil d'aluminium.

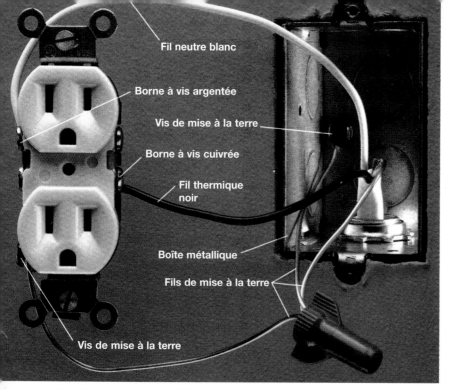

Fil neutre blanc

Borne à vis argentée

Vis de mise à la terre

Borne à vis cuivrée

Fil thermique noir

Boîte métallique

Fils de mise à la terre

Vis de mise à la terre

Le câblage des prises

Une prise de courant double de 125 volts peut être branchée de plusieurs façons à l'installation électrique. Nous vous présentons ici les branchements les plus usuels.

Les configurations peuvent différer légèrement des photographies selon le type de prise, de fils ou encore de la technique employée par l'électricien qui a installé le dispositif. Lorsque vous effectuez des réparations ou des remplacements, identifiez avec du ruban-cache les fils correspondants aux différentes bornes de l'ancienne prise.

Les prises peuvent être branchées en **fin de circuit** ou **en milieu de circuit**. Ces deux positions de base sont facilement identifiables en comptant le nombre de câbles qui entrent dans la boîte. Une prise en fin de circuit ne comporte qu'un câble, indiquant que le circuit se termine. Les prises branchées sur le circuit comportent deux câbles, ce qui indique que le circuit continue vers d'autres prises, interrupteurs ou lampes.

Une prise à circuit divisé est illustrée à la page suivante. Chaque moitié d'une prise à circuit divisé est branchée à un circuit distinct, ce qui permet de brancher deux appareils «gourmands en watts» à la même prise sans faire sauter un fusible ou basculer un disjoncteur. Le branchement s'apparente à celui d'une prise contrôlée par un interrupteur. Le Code exige l'installation d'une prise contrôlée par un interrupteur dans toute pièce qui n'est pas munie d'un appareil actionné par un interrupteur mural. Les prises à circuit divisé et celles contrôlées par un interrupteur sont branchées à deux fils thermiques ou vivants, il faut donc être prudent lors des réparations ou des remplacements. Assurez-vous que la languette de raccord entre les deux bornes est enlevée.

Les prises à deux fentes sont courantes dans les vieilles demeures. Elles n'ont pas de fil de mise à la terre, mais la boîte peut être mise à la terre par un fil blindé ou un conduit métallique.

Quand un seul câble pénètre dans la boîte, c'est qu'elle est en fin de circuit. Le fil thermique noir est branché sur la borne cuivrée et le fil blanc neutre est attaché à la borne argentée. S'il s'agit d'une boîte métallique, le fil de mise à la terre est branché sur la prise et sur la boîte. Dans une boîte de plastique, le fil de mise à la terre est branché directement à la borne de mise à la terre de la prise.

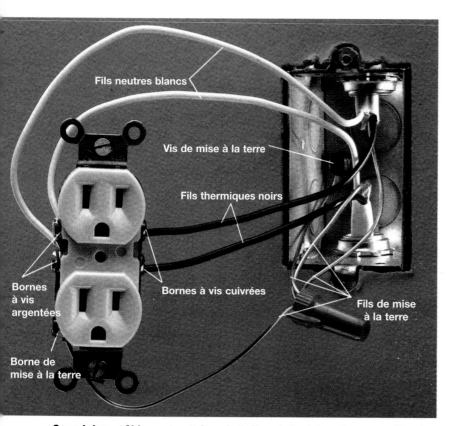

Fils neutres blancs

Vis de mise à la terre

Fils thermiques noirs

Bornes à vis argentées

Bornes à vis cuivrées

Fils de mise à la terre

Borne de mise à la terre

Quand deux câbles entrent dans la boîte, c'est qu'elle se trouve en milieu de circuit. Les fils thermiques noirs sont branchés aux bornes à vis cuivrées et les fils neutres blancs aux bornes argentées. Le fil de mise à la terre est raccordé à la borne de mise à la terre de la prise et à la boîte.

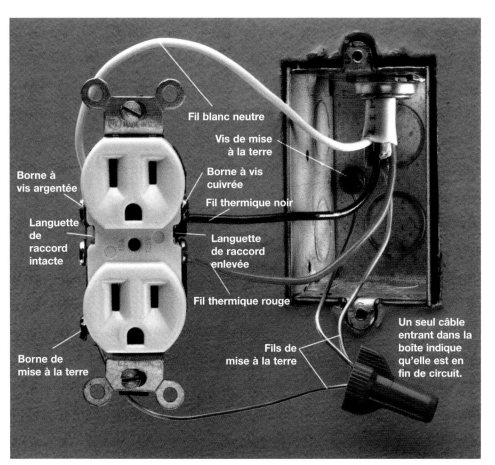

Fil blanc neutre

Vis de mise à la terre

Borne à vis cuivrée

Fil thermique noir

Borne à vis argentée

Languette de raccord intacte

Languette de raccord enlevée

Fil thermique rouge

Borne de mise à la terre

Fils de mise à la terre

Un seul câble entrant dans la boîte indique qu'elle est en fin de circuit.

Une prise à circuit divisé
est branchée à un fil thermique noir, un fil thermique rouge, un fil neutre blanc et un fil de mise à la terre dénudé. Le câblage est similaire à celui des prises contrôlées par un interrupteur. Les fils thermiques sont branchés aux bornes cuivrées et la languette de raccord entre les bornes est enlevée. Le fil blanc est attaché à la borne argentée et la languette du côté neutre reste intacte. Le fil de mise à la terre joint la borne de mise à la terre de la prise et à la vis de mise à la terre de la boîte.

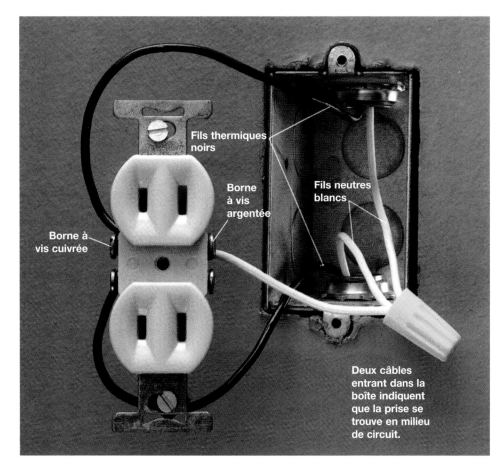

Fils thermiques noirs

Borne à vis argentée

Fils neutres blancs

Borne à vis cuivrée

Deux câbles entrant dans la boîte indiquent que la prise se trouve en milieu de circuit.

Les prises à deux fentes
se retrouvent souvent dans les maisons anciennes. Les fils thermiques noirs sont branchés aux bornes à vis cuivrées et les fils neutres blancs sont raccordés à une borne argentée. Les prises à deux fentes peuvent être remplacées par celles à trois trous, à condition qu'il existe une possibilité de mise à la terre dans la boîte.

Les différents types de prises

Dans les maisons, on trouve différents types de prises. Chacune possède des fentes qui peuvent recevoir des fiches particulières et chacune est destinée à un usage spécifique.

Les prises domestiques offrent deux niveaux de voltage : normal et haut. Même si les normes de voltage ont varié au cours des ans, les prises normales devraient être calibrées pour 110, 115, 120 ou 125 volts. Elles sont interchangeables. Pour le voltage haut, les prises sont de 220, 240 ou 250 volts et elles sont également interchangeables.

Lorsque vous remplacez une prise, vérifiez l'ampérage au tableau de distribution et procurez-vous la prise adéquate.

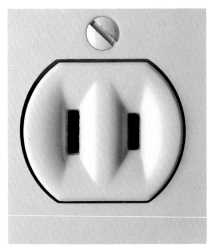

15 ampères, 125 volts. Les prises bipolaires à deux fentes se retrouvent dans les maisons construites avant 1960. Les fentes sont de grandeurs différentes pour recevoir les fiches bipolaires.

15 ampères, 125 volts. Les prises à trois trous avec mise à la terre comportent deux fentes verticales et une ouverture en U pour la mise à la terre. Elles sont devenues la norme pour toutes les nouvelles installations.

20 ampères, 125 volts. Cette prise comporte trois fentes dont une en forme de T. Elle est utilisée pour brancher des appareils requérant un courant de 20 ampères.

15 ampères, 250 volts. Ce type de prise est généralement utilisé pour les climatiseurs de fenêtres. Elle se présente comme une prise simple ou moitié d'une prise double, l'autre moitié étant branchée pour 125 volts.

30 ampères, 125/250 volts. Cette prise est utilisée pour les sécheuses. Elle fournit un courant à fort ampérage pour les éléments de chauffage et un courant à 125 ampères pour les lumières et la minuterie.

50 ampères, 125/250 volts. Cette prise est utilisée pour les cuisinières. Les éléments chauffants sont alimentés par le haut voltage, les horloges et les lumières le sont par un courant de 125 volts.

Les prises anciennes

Les prises anciennes ont un petit air vieillot, mais la plupart fonctionnent encore convenablement. Les quelques conseils qui suivent vous permettront de déterminer si un remplacement s'avère nécessaire :

- Ne remplacez jamais une ancienne prise par une autre ayant un voltage différent ou un ampérage supérieur.
- Toutes les prises à deux fentes identiques devraient être remplacées par des prises bipolaires ou des prises à trois ouvertures.
- S'il n'y a pas moyen de mettre à la terre, installez une prise avec fuite à la terre (GECI).
- Dans le doute, faites appel à un électricien.

Ne trafiquez jamais les branches d'une fiche pour l'adapter à une prise ancienne. La polarité ou la mise à la terre pourrait en être affectée.

Les prises sans polarité ont des fentes de mêmes dimensions. Il est possible que les fiches modernes ne puissent s'y adapter. Ne modifiez jamais une fiche pour qu'elle s'insère dans une prise sans polarité.

Les prises en surplomb ont connu leur heure de gloire dans les années 50, car elles étaient faciles à installer. La plupart du temps le câblage courait sous les moulures. Elles étaient rarement mises à la terre.

1 Les prises doubles en céramique furent fabriquées dans les années 30. Elles sont bipolaires, mais ne sont pas mises à la terre. Toutefois, elles peuvent être branchées sur des circuits de 125 ou de 250 volts.

2 Les prises à rotation autoblocantes sont faites pour les fiches insérées et tournées. Une légère encoche sur l'une des branches empêche la fiche d'être retirée de la prise.

Une prise double en céramique, comme celle-ci a un calibre de 250 volts mais seulement de 5 ampères. Elle ne répond pas aux exigences des Codes actuels.

Les prises à haut voltage

Les prises à haut voltage alimentent les gros appareils comme les sécheuses, les cuisinières, les chauffe-eau et les appareils de climatisation. Il est impossible d'y brancher une fiche destinée à des circuits de 125 volts.

Il y a deux façons de brancher une prise à grande puissance. Pour une prise à grande puissance standard, le courant est amené par deux fils thermiques, chacun transportant un maximum de 125 volts. Le fil neutre blanc n'est pas nécessaire, mais un fil de mise à la terre doit être attaché à la prise et à la boîte.

Une sécheuse ou une cuisinière peut nécessiter un voltage normal (125 volts) pour faire fonctionner un éclairage ou une minuterie. Si c'est le cas, un fil neutre blanc sera branché à la prise. L'appareil divisera lui-même l'alimentation en deux circuits l'un de 125 volts et l'autre de 250 volts.

Il est important de bien identifier les fils d'une prise existante pour s'assurer que le branchement d'une nouvelle prise est fait convenablement.

Une prise de 125/250 volts comporte deux fils thermiques, chacun transportant 125 volts et un fil neutre blanc. Un fil de mise à la ferre est fixé à la boîte. Les branchements se font dans des bornes à vis qui se trouvent à l'arrière de la prise.

Une prise standard de 250 volts comporte deux fils thermiques mais pas de fil neutre. Un fil de mise à la terre raccorde la prise et la boîte.

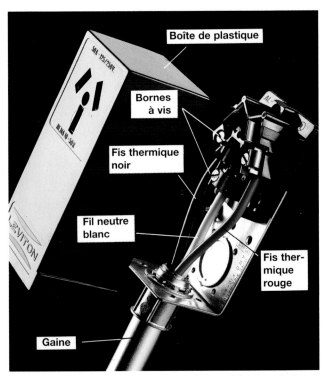

Une prise de 250 volts montée en surface est faite d'une boîte de plastique rigide pouvant être fixée sur un mur de béton ou de blocs. On retrouve ces dispositifs surtout dans les sous-sols.

Prises sécuritaires et autres accessoires

Protégez vos enfants en munissant les prises de capuchons protecteurs qui les mettront à l'abri des accidents. Suivez le mode d'emploi du fabricant.

Les personnes ayant des enfants devraient installer sur les prises des capuchons qui sont peu dispendieux, afin éviter les chocs électriques.

Ces capuchons de plastique ne conduisent pas l'électricité et il est pratiquement impossible que de jeunes enfants puissent les enlever. Un couvercle de prise se fixe sur celle-ci et empêche le débranchement des cordons.

Protégez les enfants contre les chocs électriques. Placez des capuchons protecteurs sur toutes les prises inutilisées.

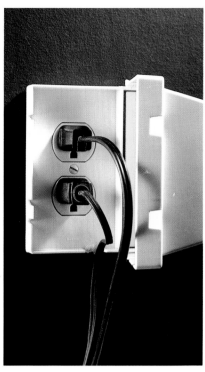

Prévenez les accidents en installant un couvercle qui empêchera le débranchement des cordons et des fiches.

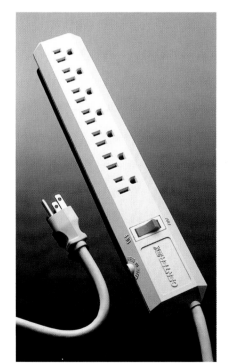

1 Branchez plus de deux appareils en utilisant une barre d'alimentation à prises multiples. Ce dispositif comporte un disjoncteur intégré ou un fusible pour éviter les surcharges.

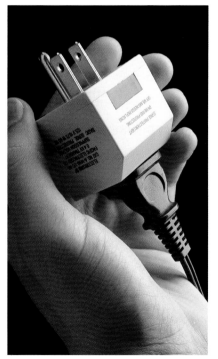

2 Protégez l'équipement électronique, comme un ordinateur ou une chaîne stéréo, avec un protecteur de surcharge. Ce dispositif met le câblage sensible des appareils à l'abri des fluctuations du courant.

Les prises murales encastrées permettent de suspendre une horloge à plat sur le mur.

Sondes
métalliques

Manchons
isolés

Ampoule

Vérifier le courant, la polarité et la mise à la terre

Assurez-vous que le courant n'arrive pas à la prise pendant un remplacement ou une réparation.

Vérifiez la mise à la terre avant le remplacement des prises. Ce test permet de savoir comment une prise existante est câblée et quel doit être le type de prise de remplacement : bipolaire à deux fentes, à trois trous, ou un disjoncteur de fuite à la terre (GFCI).

Si la vérification indique que le fil thermique et le neutre sont inversés, assurez-vous de les brancher correctement à la nouvelle prise.

Identifiez les fils qui transportent le courant.

Un vérificateur de circuit est un outil bon marché qui vous permettra d'effectuer ces tests. Il comporte une petite ampoule qui s'allume s'il y a du courant.

Rappelez-vous que le vérificateur ne s'allume que lorsque le circuit est fermé. Par exemple, si vous appuyez l'une des sondes à un fil thermique et ne touchez rien avec l'autre, il ne s'allumera pas, bien que du courant soit transporté par le fil thermique. Quand vous utilisez un vérificateur de circuit, évitez de toucher aux sondes avec les doigts.

Quand vous vérifiez le courant ou la mise à la terre, confirmez toujours les résultats négatifs en enlevant le couvercle pour vous assurer que tous les fils sont intacts et bien connectés. Ne touchez pas aux fils avant d'avoir coupé l'alimentation au tableau de distribution.

Ce dont vous avez besoin :

Outils : vérificateur de circuit, tournevis.

Vérifier s'il y a du courant à la prise

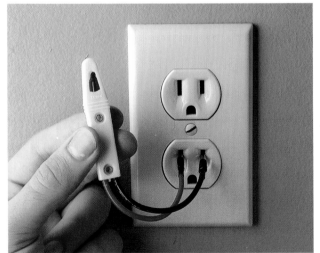

1 Coupez l'alimentation au tableau de distribution. Insérez une sonde dans chaque fente de la prise, le vérificateur ne devrait pas s'allumer. S'il le fait, c'est que le circuit n'a pas été coupé au tableau. Vérifiez chacune des prises d'un dispositif double. Rappelez-vous qu'il s'agit d'un test préliminaire. Vous devrez en confirmer les résultats en enlevant le couvercle et en vérifiant les branchements de la prise.

2 Retirez le couvercle. Enlevez les vis de montage et tirez délicatement la prise hors de sa boîte. Ne touchez pas aux fils. Appuyez l'une des sondes du vérificateur à une borne cuivrée et l'autre à une borne argentée. Le vérificateur ne devrait pas s'allumer. S'il le fait, vous devez couper le bon circuit au tableau. Si les fils sont branchés aux deux séries de bornes, vérifiez les deux.

Cette photo indique que le fil thermique et neutre sont inversés

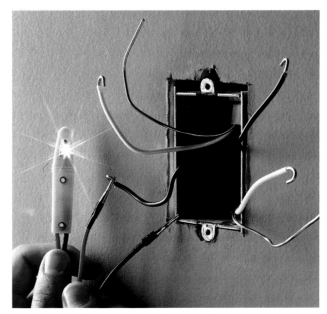

Vérifiez la mise à la terre d'une prise à trois trous. Le courant ouvert, insérez une sonde dans la fente courte et l'autre dans l'ouverture en U. Le vérificateur devrait s'allumer. S'il ne le fait pas, insérez une sonde dans la fente neutre (la plus longue) et l'autre dans l'ouverture de mise à la terre. Si le vérificateur s'allume, c'est que le fil thermique et le neutre sont inversés. S'il ne s'allume pas dans les deux positions, la prise n'est pas mise à la terre.

Vérifiez les fils thermiques. Il est possible que vous ayez à trouver le fil thermique. Coupez le courant et séparez soigneusement tous les fils afin qu'ils ne se touchent pas ou ne touchent pas à autre chose. Rétablissez le courant sur le circuit à partir du tableau de distribution. Appuyez une des sondes au fil de mise à la terre dénudé ou à la boîte mise à la terre et appuyez l'autre sonde sur chacun des fils. Si la lampe s'allume, c'est qu'il y a du courant. Identifiez chaque fil et coupez le courant avant de poursuivre les travaux.

Vérifier la mise à la terre

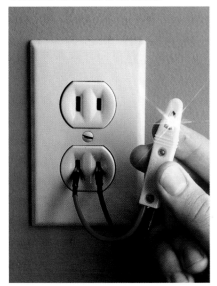

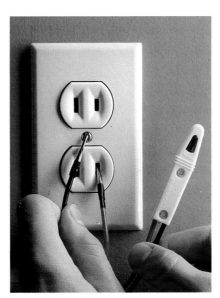

1 Le courant ouvert, placez une sonde dans chaque fente. Le vérificateur devrait s'allumer. Sinon, c'est qu'il n'y a pas de courant vers la prise.

2 Placez une sonde dans la fente courte (sous tension) et appuyez l'autre sur la vis du couvercle. La vis ne doit être ni peinte, ni sale, ni couverte de graisse. Si la lampe s'allume, la boîte est mise à la terre. Sinon, passez à l'étape suivante.

3 Placez une sonde dans la fente longue (neutre) et appuyez l'autre sur la vis du couvercle. Si la lumière s'allume, la boîte est mise à la terre mais le fil thermique et le neutre sont inversés, elle ne s'allume pas, la boîte n'est pas mise à la terre.

Réparer et remplacer les prises

Il est facile de réparer les prises de courant. Une fois le courant coupé, il suffit d'enlever le couvercle et d'examiner la prise pour découvrir les problèmes évidents, tels des connexions lâches ou brisées, ou des fils sales ou oxydés. Rappelez-vous qu'une prise défectueuse peut affecter les autres prises du même circuit. Si la cause n'est pas évidente, vérifiez les autres prises du circuit.

Quand il faut remplacer une prise, vérifiez l'ampérage de l'ancienne et achetez-en une nouvelle de même ampérage.

Lorsqu'il vous faut remplacer une prise, vérifiez toujours la mise à la terre. N'installez jamais une prise à trois ouvertures là où il n'y a pas de mise à la terre. Installez plutôt une prise bipolaire ou un disjoncteur de fuite à la terre (GFCI).

Ce dont vous avez besoin :

Outils : vérificateur de circuit, tournevis, aspirateur.
Matériaux : papier abrasif fin, pâte antioxydante.

Voir bloc-notes de l'inspecteur :
- Inspection des boîtes électriques (pages 116 et 117).
- Vérifier les interrupteurs et les prises (pages 120).

Réparer une prise

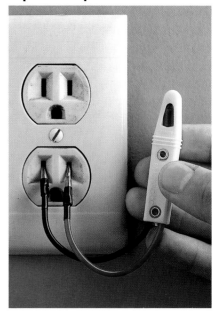

1 Coupez l'alimentation au tableau de distribution. Vérifiez l'alimentation des deux éléments de la prise avec un vérificateur. Retirez le couvercle.

2 Enlevez les vis qui retiennent la prise à la boîte. Retirez soigneusement la prise en prenant garde de ne pas toucher aux fils.

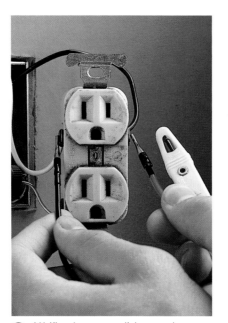

3 Vérifiez de nouveau l'absence de courant avec un vérificateur de circuit. S'il y a des fils attachés aux deux séries de bornes, vérifiez-les toutes les deux. Le vérificateur ne devrait pas s'allumer, s'il le fait, coupez le courant du bon circuit.

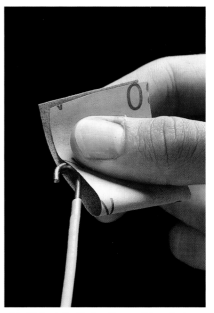

4 Si l'extrémité des fils semble noircie ou sale, débranchez-les un à la fois et nettoyez-les avec un papier abrasif fin. Si ce sont des fils d'aluminium, enduisez-les d'une pâte antioxydante avant de les brancher de nouveau. Cette pâte est vendue dans les quincailleries.

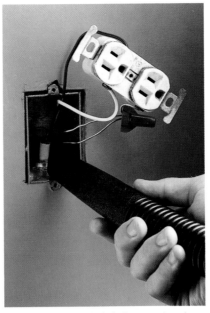

5 Resserrez toutes les connexions avec un tournevis. Ne serrez pas trop les vis. Vérifiez l'état de la boîte et au besoin nettoyez-la avec l'embout étroit d'un aspirateur.

6 Vérifiez l'état de la boîte et au besoin, nettoyez-la avec l'embout étroit d'un aspirateur.

7 Replacez la prise dans sa boîte et rétablissez le courant. Vérifiez-la avec un vérificateur de circuit. Si la prise ne fonctionne pas, vérifiez les autres prises du circuit.

Remplacer une prise

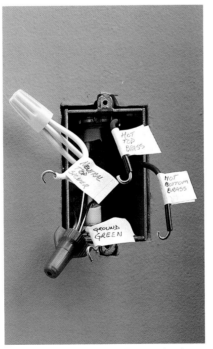

1 Avant de remplacer une prise, répétez les opérations 1 à 3 décrites dans les pages précédentes. Une fois le courant coupé, identifiez chaque fil pour connaître sa position sur les bornes.

2 Débranchez tous les fils et retirez la prise.

3 Remplacez la prise par une autre offrant le même ampérage et le même voltage. Replacez le couvercle et remettez le courant. Vérifiez le circuit à l'aide d'un vérificateur.

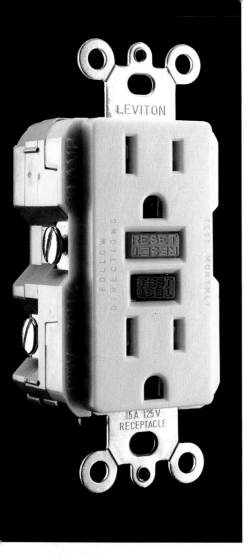

Les disjoncteurs de fuite à la terre (GFCI)

Le disjoncteur de fuite à la terre (GFCI) est un dispositif de sécurité qui protège des chocs électriques causés par un appareil défectueux, une rallonge ou une prise endommagées. Ce type de prise détecte les plus légères fluctuations de courant et peut le couper en 1/40 de seconde.

Lors du remplacement des prises, vérifiez les dispositions des Codes, car ils peuvent exiger des disjoncteurs de fuite à la terre dans les salles de bains, les cuisines, les garages ou les vides sanitaires, les sous-sols non finis et à l'extérieur. Ces prises s'installent facilement là où il y avait des prises classiques.

Les disjoncteurs de fuite à la terre peuvent être branchés pour se protéger ou pour protéger les prises, les interrupteurs et les luminaires se trouvant en aval du circuit. Ce type de disjoncteur (GFCI) ne peut protéger les dispositifs de branchement se trouvant en amont, soit vers le tableau de distribution.

Ce disjoncteur étant très sensible, il est plus efficace quand il ne protège qu'un poste. En effet, plus il y a de prises rattachées à ce dispositif, plus les risques sont grands qu'il se déclenche accidentellement, car il est sensible aux moindres fluctuations de courant.

Ce dont vous avez besoin :

Outils : vérificateur de circuit, tournevis.
Matériaux : connecteurs, ruban-cache.

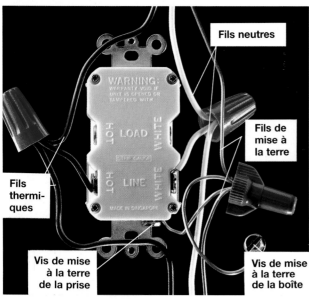

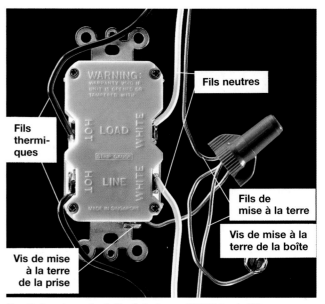

Un disjoncteur de fuite à la terre (GFCI) pour un seul poste a un fil thermique et un fil neutre branchés aux bornes identifiées par le mot LINE. Un tel disjoncteur peut être branché indifféremment selon la configuration d'une prise en fin ou en milieu de ligne.

Un disjoncteur de fuite à la terre (GFCI) installé pour protéger plusieurs postes comporte une paire de fils thermiques et de fils neutres dont une série est branchée aux bornes LINE et l'autre aux bornes LOAD. Un disjoncteur de ce type, destiné à une protection multiple, ne doit être branché qu'en milieu de circuit.

Installer un disjoncteur (GFCI) pour un seul poste

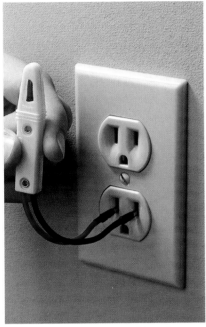

1 Coupez le courant au tableau de distribution. Vérifiez l'absence de courant avec un vérificateur de circuit dans les deux prises.

2 Enlevez le couvercle et retirez soigneusement la prise de la boîte. Ne touchez pas aux fils. Vérifiez encore l'absence de courant.

3 Débranchez les fils neutres blancs des bornes argentées de l'ancienne prise.

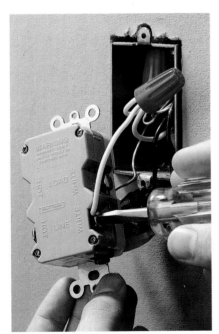

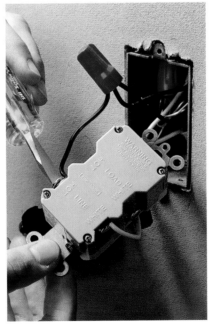

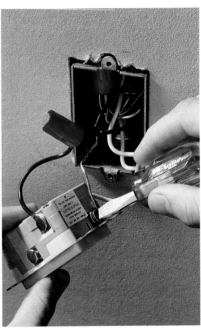

4 Raccordez les fils neutres blancs et branchez le fil de raccord sur la borne identifiée WHITE LINE du disjoncteur.

5 Débranchez les fils thermiques des bornes à vis cuivrées de l'ancienne prise. Raccordez ces fils et branchez-les sur la borne identifiée HOT LINE sur le disjoncteur.

6 S'il y a un fil de mise à la terre, débranchez-le de l'ancienne boîte et branchez-le à la vis verte du disjoncteur. Replacez celui-ci dans la boîte et remettez le couvercle. Rétablissez le courant et vérifiez le disjoncteur selon les indications du fabricant.

Installer un disjoncteur protégeant plusieurs postes

1 Faites un plan des circuits de votre maison pour déterminer l'emplacement des disjoncteurs (GFCI).

2 Coupez le courant du bon circuit au tableau de distribution. Avec un vérificateur, vérifiez que le courant est bien coupé. Vérifiez toujours les deux parties de la prise.

3 Enlevez la plaque de la prise qui sera remplacée par un disjoncteur de fuite à la terre. Enlevez les vis et retirez délicatement le corps de la prise. Ne touchez pas aux fils dénudés. Vérifiez l'absence de courant avec le vérificateur de circuit.

4 Débranchez les fils thermiques noirs et éloignez-les pour qu'ils ne touchent à rien. Rétablissez le courant sur le circuit à partir du tableau de distribution. Vérifiez les fils thermiques noirs pour savoir lequel amène le courant du tableau de distribution. Faites attention, car il s'agit d'un essai alors qu'il y a du courant.

5 Quand vous aurez identifié le fil thermique, coupez le courant au tableau de distribution.

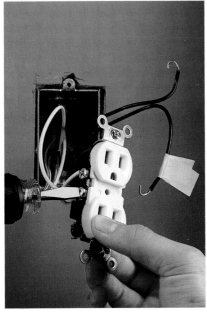

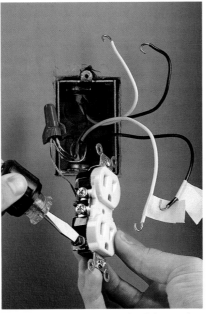

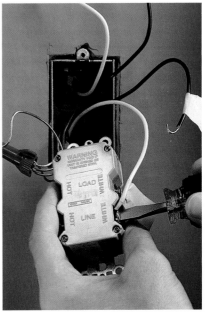

6 Débranchez les fils neutres blancs de l'ancienne prise. Identifiez le fil d'alimentation blanc avec un ruban-cache; c'est celui qui partage le même câble que le fil d'alimentation noir.

7 Déconnectez le fil de mise à la terre à la borne correspondante de la prise. Branchez le fil de mise à la terre sur la borne de mise à la terre du disjoncteur.

8 Branchez le fil d'alimentation blanc à la borne marquée WHITE LINE sur le disjoncteur. Branchez le fil noir à la borne identifiée HOT LINE.

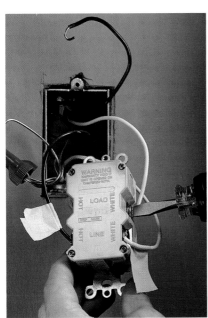

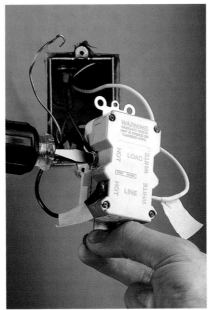

9 Branchez l'autre fil blanc neutre à la borne marquée WHITE LOAD.

10 Branchez l'autre fil noir à la borne identifiée HOT LOAD.

11 Replacez avec précaution les fils dans la boîte. Installez le disjoncteur et remettez le couvercle en place. Remettez le courant à partir du tableau de distribution. Vérifiez le fonctionnement du disjoncteur.

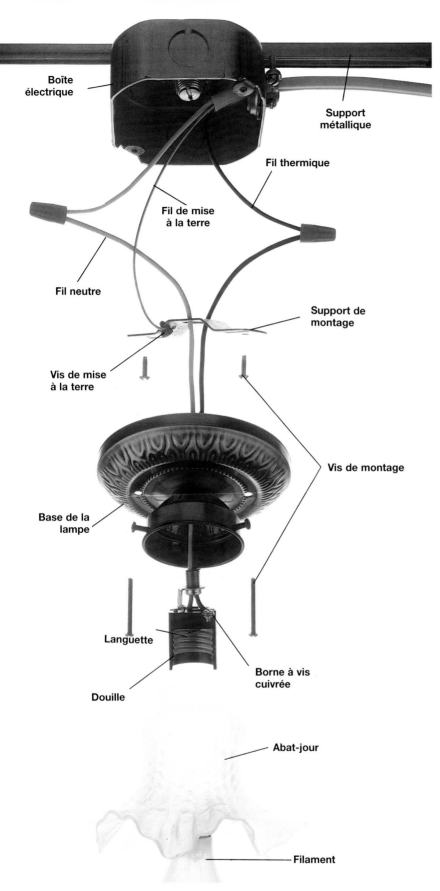

Boîte
électrique

Support
métallique

Fil thermique

Fil de mise
à la terre

Fil neutre

Support de
montage

Vis de mise
à la terre

Vis de montage

Base de la
lampe

Languette

Borne à vis
cuivrée

Douille

Abat-jour

Filament

Réparer
et remplacer
des appareils
d'éclairage à
incandescence

Ces appareils d'éclairages sont installés
en permanence au plafond ou sur les
murs. Ils comprennent les appliques,
les plafonniers encastrés et les lustres.
La plupart des lampes à incandescence
sont faciles à réparer avec des outils
courants et des pièces peu coûteuses.

Les rails d'éclairage sont cependant
difficiles à installer et à réparer.

Si un luminaire cesse de fonctionner, vérifiez d'abord si l'ampoule est
bien vissée ou si elle n'est pas grillée.
L'ampoule est la principale responsable
des problèmes. Si le luminaire est con-
trôlé par un interrupteur mural, vérifiez
s'il est en bon état.

Les luminaires peuvent également
flancher à cause d'une douille défectueuse ou d'un interrupteur intégré usé.
Certains ont des douilles qui peuvent
s'enlever facilement pour les réparations. Ces douilles sont retenues par
une vis ou par une attache. Certains
appareils d'éclairage possèdent une
douille et un interrupteur installés en
permanence. Quand ce type d'appareil
se brise, il faut le remplacer par un neuf.

Dans un appareil d'éclairage à incandescence type, un fil thermique noir est
connecté à une vis en cuivre à l'intérieur de la douille. Il amène le courant à une languette
située à la base de celle-ci. Le courant chauffe le filament et le fait briller. Le courant
circule alors dans la partie filetée de la douille et retourne au tableau de distribution par le
fil neutre blanc.

Des dommages surviennent fréquemment lorsque l'ampoule est trop forte pour l'appareil. Prévenez la surchauffe en installant une ampoule appropriée.

Les techniques de réparation ne sont pas les mêmes pour les lampes incandescentes que pour les fluorescents.

Ce dont vous avez besoin :

Outils : vérificateur de continuité, vérificateur de circuit, tournevis, pinces universelles.
Matériaux : pièces de rechange.

Voir bloc-notes de l'inspecteur :
- Problèmes courants du câblage (pages 112 et 113).
- Vérifier les connexions (pages 114 et 115).
- Inspection des boîtes électriques (pages 116 et 117).

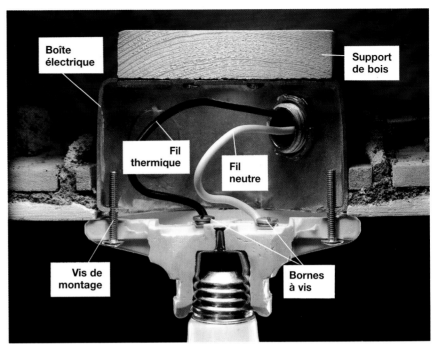

Avant 1959, les appliques et les plafonniers à incandescence (vue en coupe) étaient souvent fixés directement à une boîte électrique ou au revêtement de plâtre. Les normes exigent maintenant que les appareils d'éclairage soient attachés à un support ancré à la boîte électrique (voir page précédente). Si vous avez un appareil fixé au plâtre, installez une boîte réglementaire avec support d'attache.

Problèmes	Solutions
Le plafonier ou l'applique clignote ou n'éclaire pas :	1. Vérifiez l'ampoule. 2. Vérifiez l'interrupteur mural. Réparez-le ou remplacez-le au besoin. 3. Vérifiez s'il y a de mauvais contacts dans la boîte électrique. 4. Vérifiez la douille et remplacez-la au besoin. 5. Remplacez le plafonnier.
L'interrupteur intégré ne fonctionne pas :	1. Vérifiez l'ampoule. 2. Vérifiez les conctacts de l'interrupteur. 3. Remplacez l'interrupteur. 4. Remplacez le plafonier.
Le lustre clignote ou ne s'allume pas :	1. Vérifiez l'ampoule. 2. Vérifiez l'interrupteur mural. Réparez-le ou remplacez-le au besoin. 3. Vérifiez les conctacts dans la boîte. 4. Vérifiez la douille et remplacez-la au besoin.
Le plafonier encastré clignote ou ne s'allume pas :	1. Vérifiez l'ampoule. 2. Vérifiez l'interrupteur mural. Réparez-le ou remplacez-le au besoin. 3. Vérifiez les conctacts dans la boîte. 4. Vérifiez la douille et remplacez-la au besoin. 5. Remplacez le plafonnier encastré.

Enlever une applique et vérifier la douille

1 Coupez l'alimentation de l'applique à partir du tableau de distribution. Enlevez l'abat-jour et l'ampoule. Enlevez ensuite les vis qui retiennent la base à la boîte électrique ou au support de montage. Enlevez délicatement la base et remplacez la douille.

2 Verifiez s'il y a du courant en appuyant l'une des sondes du vérificateur de circuit à la vis de mise à la terre verte et en insérant l'autre sonde à l'intérieur de chacun des connecteurs. Si le vérificateur s'allume, retournez au panneau de distribution et coupez l'alimentation du bon circuit.

Vis de mise à la terre

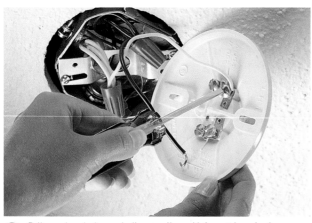

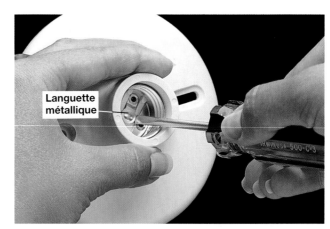

Languette métallique

3 Débranchez la base de l'appareil en dévissant les vis des bornes. Si l'appareil comporte des fils fixes, enlevez les connecteurs.

4 Soulevez légèrement la languette qui se trouve au fond de la douille avec un petit tournevis. Cette opération permettra d'établir un meilleur contact avec l'ampoule.

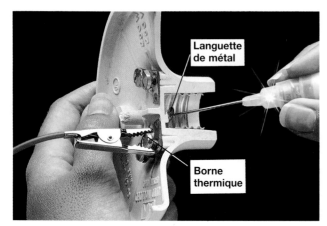

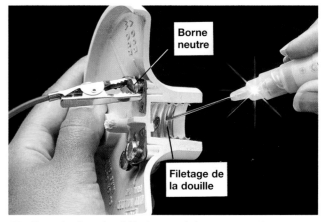

Languette de métal

Borne thermique

Borne neutre

Filetage de la douille

5 Vérifiez la douille (vue en coupe) en posant la pince du vérificateur sur la borne thermique de la base ou sur le fil de raccord noir, appuyez ensuite la sonde sur la languette au fond de la douille. Le vérificateur devrait s'allumer. Sinon, remplacez la douille.

6 Posez la pince du vérificateur sur la borne neutre et appuyez la sonde sur la partie filetée de la douille. Le vérificateur devrait s'allumer. Sinon, la douille est défectueuse et elle doit être remplacée. S'il s'agit d'une douille fixe, remplacez l'appareil.

Remplacer une douille

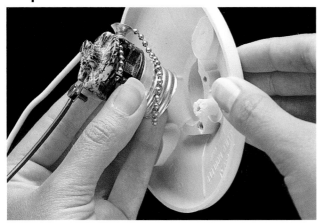

1 Enlevez l'appareil d'éclairage. Retirez la douille qui est retenue par une vis, une attache ou une bague. Débranchez les fils qui la retiennent.

2 Achetez une douille de rechange identique. Branchez le fil blanc à la borne à vis argentée et le fil noir à la borne cuivrée. Assemblez à la base et replacez.

Vérifier et remplacer un interrupteur intégré

Bague de retenue

1 Démontez la base de l'appareil et dévissez la bague de retenue.

Raccords de L'inter-rupteur

2 Identifiez les fils branchés aux raccords de l'interrupteur. Débranchez-les et retirez l'interrupteur.

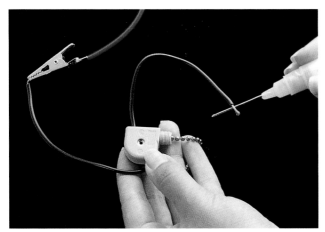

3 Vérifiez l'interrupteur en pinçant l'un de ses fils avec les mâchoires d'un vérificateur et en appuyant la sonde sur l'autre fil. Actionnez l'interrupteur. S'il fonctionne, le vérificateur s'allumera lorsque l'interrupteur sera sur une position seulement.

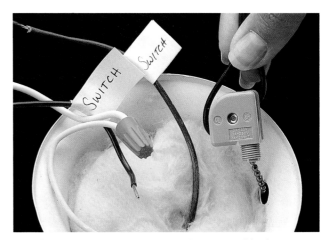

4 Si l'interrupteur est défectueux, achetez-en un identique et branchez-le. Remontez l'appareil et rétablissez le courant au tableau de distribution.

Remplacer une applique à incandescence

1 Coupez le courant et enlevez l'applique. Qu'il s'agisse d'une applique standard ou d'un lustre, la méthode est similaire.

Support de montage

Vis de mise à la terre

2 Fixez un support de montage sur la boîte électrique si elle n'en comporte pas. Le support du nouvel appareil possède une vis de mise à la terre.

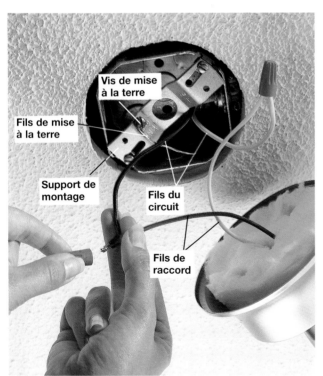

Vis de mise à la terre

Fils de mise à la terre

Support de montage

Fils du circuit

Fils de raccord

3 Branchez les fils du circuit à ceux de l'appareil avec des connecteurs isolés, le blanc avec le blanc et le noir avec le noir. Raccordez le fil de mise à la terre dénudé à la vis de mise à la terre du support.

4 Vissez la base de l'appareil au support. Fixez l'abat-jour et l'ampoule, dont la puissance doit être égale ou inférieure à celle recommandée pour l'appareil. Rétablissez le courant au tableau de distribution.

Réparer et remplacer des plafonniers encastrés

La plupart des problèmes liés aux plafonniers encastrés proviennent de l'accumulation de chaleur dans le boîtier, ce qui fait fondre l'isolant et les fils de la douille. Sur certains appareils, il est possible de démonter la douille et les fils endommagés et de les remplacer. Toutefois, sur la plupart des dispositifs modernes, les douilles sont fixes et il faut changer l'ensemble lorsque les fils sont défectueux.

Quand vous achetez un nouveau luminaire, choisissez-en un similaire à l'ancien et installez-le dans le cadre métallique déjà en place.

Assurez-vous que l'isolant du plafond se trouve à au moins 3" du boîtier métallique. Un isolant trop proche retient la chaleur et peut causer des dommages aux fils de la douille.

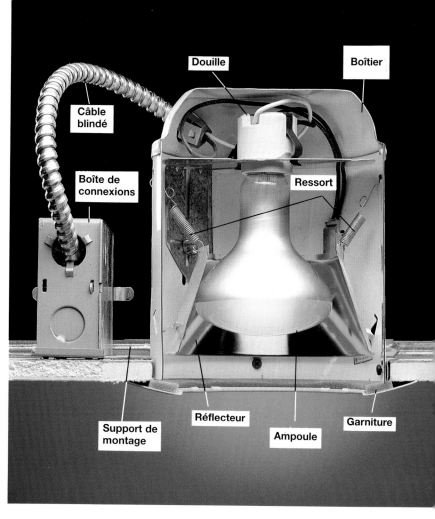

Douille · Boîtier · Câble blindé · Boîte de connexions · Ressort · Réflecteur · Garniture · Support de montage · Ampoule

Enlever et vérifier un appareil d'éclairage encastré

Ressort · Réflecteur

1 Coupez l'alimentation électrique de l'appareil d'éclairage au tableau de distribution. Enlevez la garniture, l'ampoule et le réflecteur. Celui-ci est maintenu au boîtier par des petits ressorts ou des attaches.

2 Desserrez les vis ou les attaches qui retiennent le boîtier au support de montage. Poussez délicatement sur le boîtier et éloignez-le de l'ouverture.

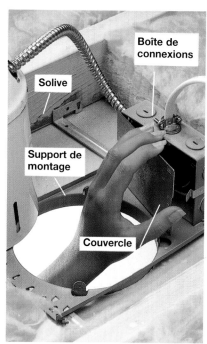

Boîte de connexions · Solive · Support de montage · Couvercle

3 Retirez le couvercle de la boîte de connexions. Celle-ci est montée sur le support entre les solives du plafond.

4 Vérifiez si le courant est bien coupé en appuyant une sonde du vérificateur de continuité sur la boîte mise à la terre et en insérant l'autre dans chacun des connecteurs. Le vérificateur ne devrait pas s'allumer. S'il le fait, c'est que le courant circule encore. Coupez le bon circuit au tableau.

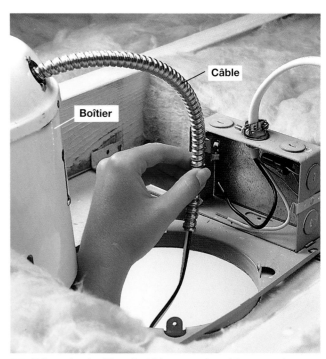

5 Débranchez les fils noir et blanc en enlevant les connecteurs. Retirez le câble blindé de la boîte. Sortez le boîtier par l'ouverture.

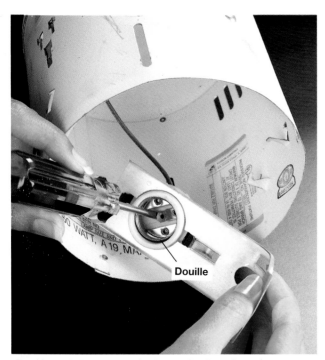

6 Ajustez la languette au fond de la douille en la soulevant avec un tournevis. Cette opération améliore le contact avec l'ampoule.

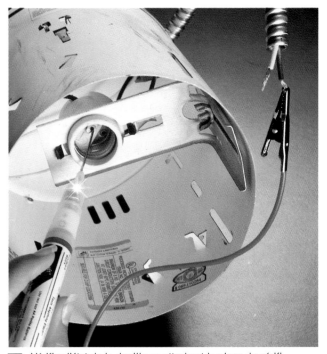

7 Vérifiez l'état de la douille en attachant la pince du vérificateur de continuité au fil noir de la lampe et en appuyant la sonde sur la languette de la douille. Faites de même avec le fil blanc, mais en appuyant la sonde sur la partie filetée de la douille. Le vérificateur devrait s'allumer dans les deux cas. Sinon, la douille est défectueuse. Remplacez-la ou installez un nouveau luminaire.

Remplacer un luminaire encastré

1 Enlevez le luminaire défectueux (voir page précédente). Achetez-en un similaire. Même si le nouvel appareil comporte un support de montage, il est plus simple de se servir de l'ancien déjà en place.

2 Placez le nouveau boîtier à l'intérieur et insérez les fils dans la boîte. Poussez le câble blindé dans la boîte et fixez-le.

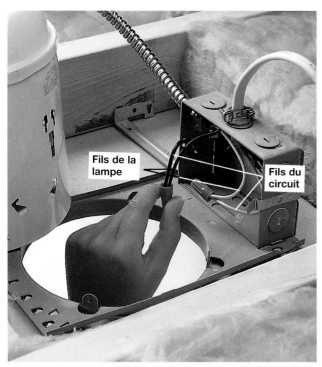

Fils de la lampe

Fils du circuit

3 Branchez le fil blanc du luminaire au fil blanc du circuit et le fil noir au fil noir avec des connecteurs. Remettez le couvercle sur la boîte. Vérifiez que l'isolant se trouve à au moins 3" du boîtier et de la boîte de connexions.

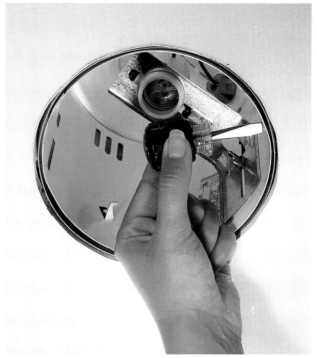

4 Placez le boîtier dans le support de montage et fixez les vis ou les attaches. Placez le réflecteur et la garniture. Installez une ampoule dont la puissance est égale ou inférieure à celle recommandée. Rétablissez le courant au tableau de distribution.

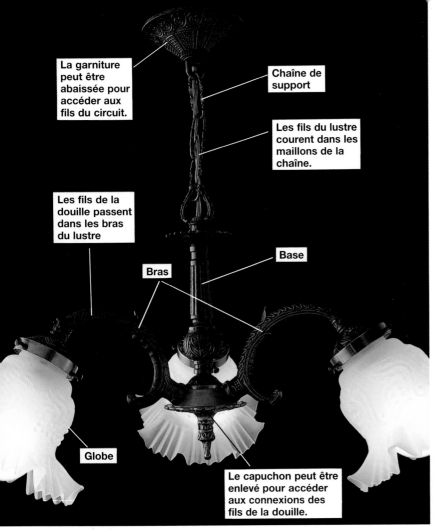

La garniture peut être abaissée pour accéder aux fils du circuit.

Chaîne de support

Les fils du lustre courent dans les maillons de la chaîne.

Les fils de la douille passent dans les bras du lustre

Base

Bras

Globe

Le capuchon peut être enlevé pour accéder aux connexions des fils de la douille.

Réparer les lustres

La réparation d'un lustre demande une attention particulière. Comme ils sont souvent lourds, il est préférable de se faire aider lorsqu'on veut les enlever. Il faut soutenir le lustre pour ne pas tirer sur les fils.

Les lustres ont deux fils qui passent dans les maillons de la chaîne et qui relient la boîte électrique à la base creuse du lustre. Les fils de la douille sont branchés dans la base du lustre.

Le lustre présente des fils neutre et thermique. Vérifiez les inscriptions ou le code de couleur sur un des fils. Celui qui comporte des inscriptions est le neutre et il se branche aux fils blancs de la douille et du circuit. Le fil sans marque est le fil thermique et il se branche aux fils noirs.

Si vous avez un nouveau lustre, il peut y avoir un fil de mise à la terre qui court le long de la chaîne. Si c'est le cas, assurez-vous de le brancher au fil de mise à la terre de la boîte électrique.

Réparer un lustre

1 Identifiez la lampe qui ne fonctionne pas avec un ruban-cache. Coupez le courant à partir du tableau de distribution. Enlevez l'ampoule et l'abat-jour.

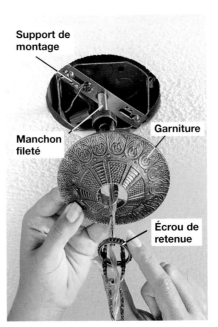

Support de montage

Manchon fileté

Garniture

Écrou de retenue

2 Dévissez l'écrou de retenue et éloignez la garniture de la boîte électrique. La plupart des lustres sont soutenus par un manchon fileté attaché à un support de montage.

Support de montage

Boulon de montage

Écrou borgne

Variante : certains lustres sont soutenus par la garniture qui est boulonnée au support de montage. Ils ne comportent pas de manchon fileté.

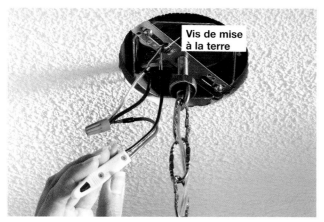

Vis de mise
à la terre

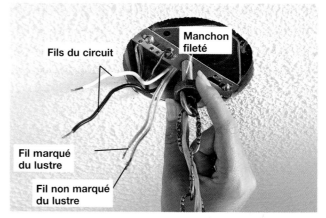

Fils du circuit

Manchon
fileté

Fil marqué
du lustre

Fil non marqué
du lustre

3 Vérifiez si le courant passe en appuyant une sonde du vérificateur de circuit sur la vis de mise à la terre et en insérant l'autre dans chacun des connecteurs. La lumière ne doit pas s'allumer. Si ce n'est pas le cas, coupez le courant du bon circuit au tableau de distribution.

4 Débranchez les fils du lustre en enlevant les connecteurs. Le fil marqué du lustre est neutre et il est branché au fil blanc du circuit. Le fil sans marque est le fil thermique et il est branché au fil noir du circuit. Dévissez délicatement le manchon fileté et déposez le lustre sur une surface plane.

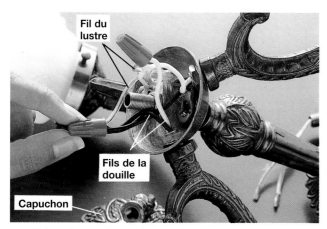

Fil du
lustre

Fils de la
douille

Capuchon

5 Enlevez le capuchon de la base du lustre, exposant ainsi les connexions dans la base. Débranchez le fil du lustre non marqué du fil noir de la douille. Faites de même avec le fil blanc de la douille et le fil marqué de l'appareil.

6 Vérifiez la douille en pinçant les mâchoires du vérificateur de continuité au fil noir de la douille et en appuyant la sonde sur la languette au fond de la douille. Répétez l'opération en pinçant le fil blanc et en appuyant la sonde sur la partie filetée de la douille. Le vérificateur devrait s'allumer dans les deux cas, sinon la douille est défectueuse et elle doit être remplacée.

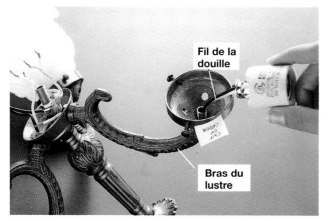

Fil de la
douille

Bras du
lustre

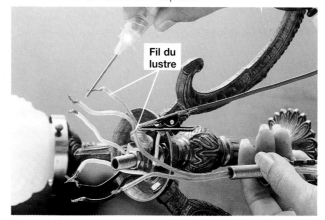

Fil du
lustre

7 Enlevez la douille défectueuse en retirant les vis ou les attaches et en tirant la douille et ses fils hors du bras. Achetez une nouvelle douille et procédez au remplacement.

8 Vérifiez tous les fils du lustre en pinçant une extrémité du fil et en appuyant la sonde du vérificateur de continuité à l'autre bout. S'il ne s'allume pas, le fil est défectueux et doit être remplacé. Remontez le tout et suspendez le lustre.

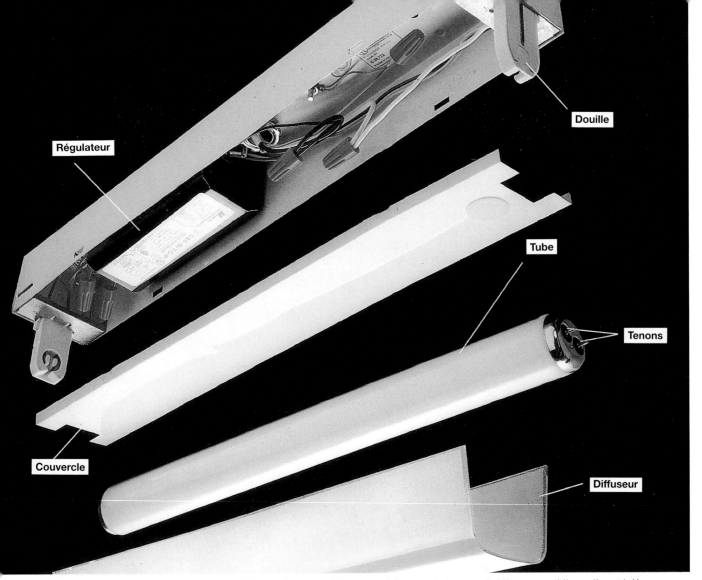

Une lampe fluorescente fonctionne en dirigeant le courant à travers un tube rempli de gaz qui s'allume quand il est alimenté. Un diffuseur translucide est utilisé pour adoucir la lumière. Le couvercle protège le régulateur de puissance. Le régulateur contrôle le courant de 120 volts du circuit vers les douilles. Celles-ci transmettent le courant par des tenons qui pénétrent dans le tube.

Réparer et remplacer les appareils fluorescents

Les appareils d'éclairage fluorescents posent rarement de problèmes et utilisent moins d'énergie que les lampes à incandescence. En moyenne, un tube fluorescent peut durer environ trois ans tout en produisant deux à quatre fois plus d'éclairage par watt qu'une ampoule incandescente standard.

Le problème le plus fréquent est la brûlure du tube. Si un fluorescent clignote ou ne s'allume pas complètement, enlevez le tube et examinez-le. Si le tube a des tenons courbés ou brisés ou s'il est noirci aux extrémités, remplacez-le. Une décoloration gris pâle sur un tube allumé est normale. Quand vous remplacez un tube fluorescent, choisissez la même puissance que celle inscrite sur le verre.

Ne vous débarrassez jamais d'un tube en le brisant, car il contient une petite quantité de mercure. Renseignez-vous d'abord auprès des autorités sanitaires de votre municipalité.

Les lampes fluorescentes peuvent mal fonctionner si les douilles sont fendues ou usées. Ces douilles se remplacent en quelques minutes et sont peu coûteuses.

Problèmes	Solutions
Le tube clignote ou éclaire partiellement	1. Faites tourner le tube pour l'assujettir dans les douilles. 2. Remplacez le tube et le démarreur si le tube est décoloré ou si les tenons sont courbés ou brisés. 3. Remplacez le régulateur si le coût est raisonnable. Sinon, remplacez l'appareil.
Le tube ne s'allume pas :	1. Vérifiez le fonctionnement de l'interupteur et réparez-le ou remplacez-le au besoin. 2. Tourner le tube pour l'assujettir dans les douilles. 3. Remplacez le tube et le démarreur si le tube est décoloré ou si les tenons sont brisés ou courbés. 4. Remplacez les douilles si elles sont ébréchées ou fendues et si le tube ne s'adapte pas parfaitement. 5. Remplacez le régulateur ou l'appareil.
Substance noire autour du régulateur :	Remplacez le régulateur si son prix est raisonnable. Sinon, remplacez l'appareil.
Émission de bruit :	Remplacez le régulateur si son prix est raisonnable. Sinon, remplacez l'appareil.

Si l'appareil d'éclairage fonctionne mal après que vous ayez remplacé le tube et les douilles, le régulateur de puissance peut être défectueux. Dans ce cas, il peut dégager une substance huileuse et noire et émettre un bourdonnement. Même si les régulateurs peuvent être remplacés, vérifiez d'abord les prix. Il peut être plus économique d'acheter un appareil neuf.

Ce dont vous avez besoin :

Outils : tournevis, clé à rochet, pince universelle, vérificateur de circuit.
Matériaux : tubes de rechange, démarreur ou régulateur, appareil de remplacement au besoin.

Voir bloc-notes de l'inspecteur :

- Problèmes courants du câblage (pages 112 et 113).
- Vérifier les connexions (pages 114 et 115).
- Inspection des boîtes électriques (pages 116 et 117).

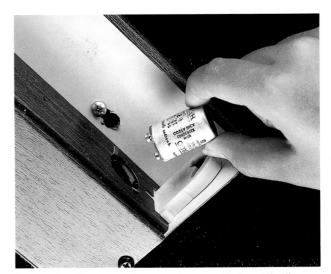

Les ancien fluorescents comportent un petit dispositif cylindrique appelé démarreur qui se trouve près de l'une des douilles. Quand un tube se met à clignoter, remplacez le tube et le démarreur. Coupez le courant, enlevez le démarreur en le poussant et en tournant dans le sens contraire des aiguilles d'une montre. Installez un nouveau démarreur du même type que l'ancien.

Remplacer un tube fluorescent

1 Coupez le courant au tableau de distribution. Enlevez le diffuseur qui recouvre le tube.

2 Enlevez le tube en le faisant tourner sur un quart de tour et glissez-le hors des douilles. Les tubes avec des tenons courbés ou brisés doivent être remplacés.

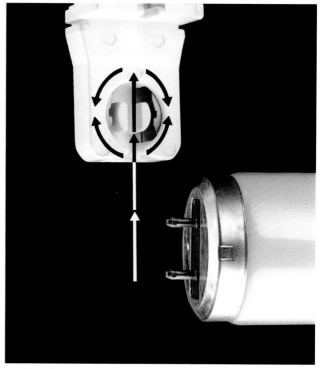

3 Vérifiez la coloration des extrémités du tube. Un tube neuf (en haut) ne montre aucune décoloration. Un tube normal, fonctionnant, (au centre) peut présenter une couleur grisâtre. Un tube brûlé (en bas) a les extrémités noircies.

4 Installez un nouveau tube de même puissance que l'ancien. Insérez le tube de manière à ce que les tenons entrent complètement dans les douilles et donnez un quart de tour pour qu'il prenne sa place. Remettez le diffuseur en place et rebranchez le courant.

Remplacer une douille

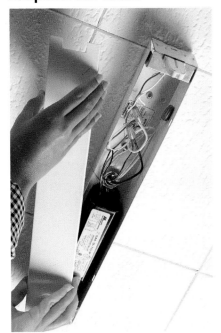 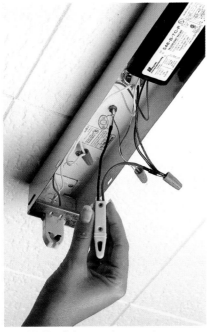 

1 Coupez le courant au tableau de distribution. Retirez le diffuseur, le tube et le couvercle.

2 Vérifiez l'absence de courant en appuyant une sonde du vérificateur de circuit sur la vis de mise à la terre et l'autre dans chacun des connecteurs. Le vérificateur ne devrait pas s'allumer. S'il le fait, le courant passe encore. Coupez l'alimentation du bon circuit.

3 Séparez la douille défectueuse du boîtier. Certaines glissent hors de l'ouverture et d'autres doivent être dévissées.

 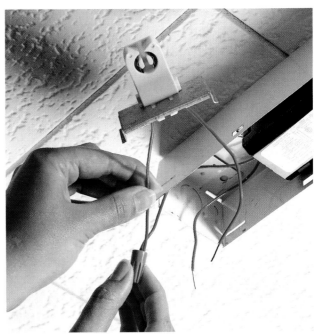

4 Débranchez les fils attachés à la douille. Pour les bornes à insertion, poussez dans les ouvertures avec un petit tournevis. Certaines douilles ont des bornes à vis et d'autres des fils qu'il faut couper.

5 Achetez et installez une nouvelle douille. Si elle a des fils de raccordement, branchez-les à ceux du régulateur avec des connecteurs. Replacez le couvercle, le tube et le diffuseur et rétablissez le courant.

Remplacer un régulateur

1 Coupez le courant au tableau de distribution et enlevez le diffuseur, le tube et le couvercle. Vérifiez l'absence de courant avec un vérificateur de circuit.

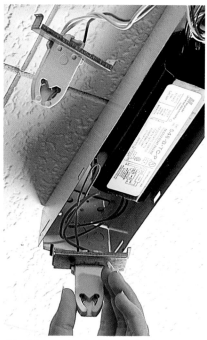

2 Dégagez les douilles du boîtier en les glissant ou en enlevant les attaches.

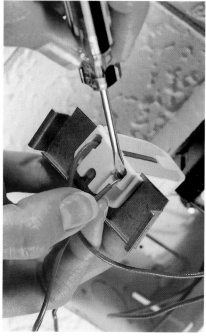

3 Débranchez les fils fixés aux douilles en poussant dans les ouvertures des bornes à insertion, en enlevant les vis ou en coupant les fils à 2" des douilles.

4 Enlevez le vieux régulateur avec une clé à rochet ou un tournevis. Soutenez-le pour qu'il ne tombe pas.

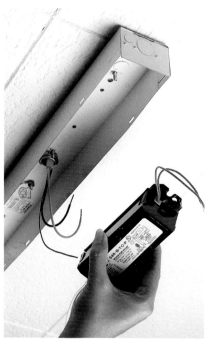

5 Installez un nouveau régulateur du même type.

6 Joignez les fils du régulateur à ceux des douilles avec des connecteurs ou dans les bornes existantes. Replacez le couvercle, le tube et le diffuseur. Rétablissez le courant.

Remplacer un appareil fluorescent

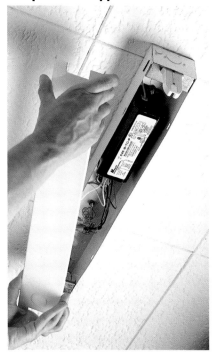

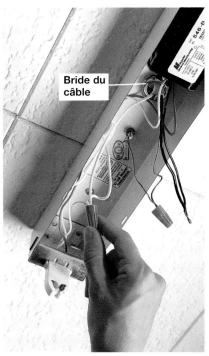

Bride du câble

1 Coupez le courant au tableau de distribution. Enlevez le diffuseur, le tube et le couvercle. Vérifiez s'il y a du courant avec un vérificateur de circuit.

2 Débranchez les fils du circuit et le fil de mise à la terre de l'appareil. Relâchez la bride du câble.

3 Dévissez le boîtier du plafond ou du mur et enlevez-le délicatement. Ne le faites pas tomber.

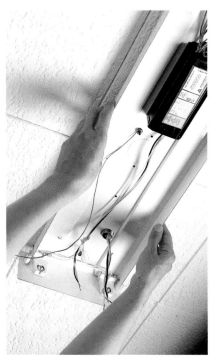

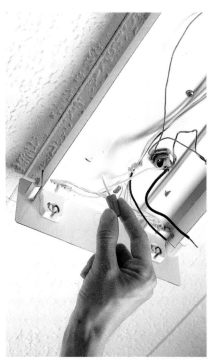

4 Placez le nouvel appareil en passant les fils par les ouvertures prévues. Boulonnez-le en place.

5 Branchez les fils du circuit à ceux de l'appareil avec des connecteurs. Suivez les indications du fabricant. Resserrez la bride du câble.

6 Fixez le couvercle, installez les tubes et replacez le diffuseur. Rétablissez le courant.

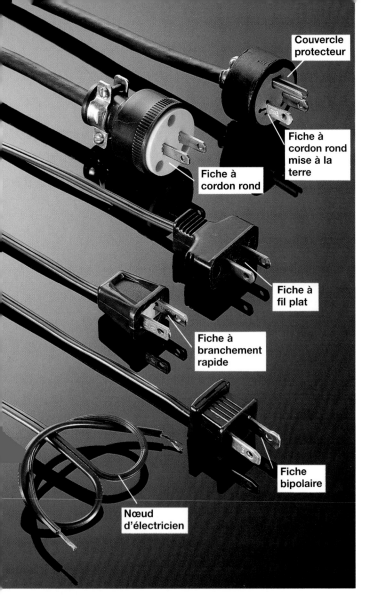

Couvercle protecteur

Fiche à cordon rond mise à la terre

Fiche à cordon rond

Fiche à fil plat

Fiche à branchement rapide

Fiche bipolaire

Nœud d'électricien

Remplacer une fiche

Vous devez remplacer une fiche électrique dès que vous constatez qu'elle a des branches courbées ou lâches, que le corps de la fiche est fendu ou que le couvercle protecteur manque. Une fiche endommagée présente un risque de choc électrique et d'incendie.

Les fiches de rechange sont offertes dans plusieurs styles qui s'adaptent aux différents cordons d'alimentation. Choisissez toujours une fiche similaire à l'ancienne. Les fiches à fils plats et à branchement rapide conviennent aux appareils légers, comme les lampes ou les appareils radio. Les fiches à cordon rond sont utilisées avec de plus gros appareils, y compris ceux munis de fiches avec mise à la terre (3 branches).

La plupart des appareils utilisent maintenant des fiches bipolaires comportant une branche large et une branche étroite qui correspondent aux fentes thermique et neutre des prises. Ces fiches assurent un branchement adéquat dans la prise.

S'il y a assez de place dans le boîtier de la fiche, faites un nœud dans les fils pour bien assujettir la fiche au cordon.

Ce dont vous avez besoin :

Outils : pinces universelles, pinces à long bec, tournevis.
Matériel : fiche de rechange.

Installer une fiche à branchement rapide

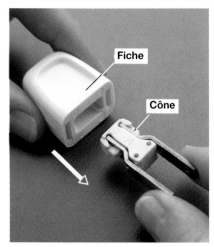

Fiche

Cône

1 Serrez les branches et tirez-les hors de la fiche. Coupez le fil de l'ancienne fiche avec une pince coupante.

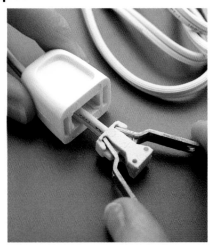

2 Insérez le fil non dénudé dans le boîtier de la fiche. Écartez les branches et glissez le fil dans le cône. Serrez les branches ensemble, les pointes entreront dans le fil. Assemblez les deux parties.

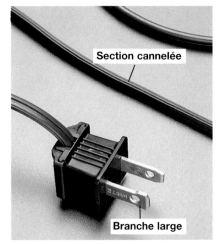

Section cannelée

Branche large

Quand vous remplacez une fiche bipolaire, assurez-vous que la section cannelée du fil est alignée sur la branche large (neutre) de la fiche.

Remplacer une fiche à fils ronds

1 Coupez le cordon tout près de l'ancienne fiche avec des pinces coupantes. Enlevez le couvercle protecteur de la nouvelle fiche et insérez le cordon par l'arrière de la fiche. Dénudez environ 3" de la gaine extérieure du cordon. Dénudez les fils individuels sur environ 3/4".

2 Bouclez les fils noir et blanc avec un nœud d'électricien. Faites le nœud le plus loin possible des extrémités. Tirez le cordon dans la fiche.

Nœud d'électricien

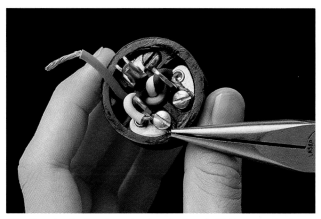

3 Enroulez le fil noir sur la vis cuivrée et le fil blanc sur la vis argentée. Pour les fiches à trois branches, branchez le troisième fil à la vis de mise à la terre.

4 Resserrez les vis en vous assurant que les fils ne se touchent pas. Replacez le couvercle protecteur.

Remplacer une fiche à fils plats

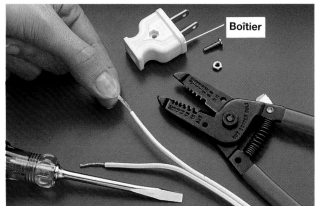

1 Coupez le cordon de la fiche avec une pince coupante. Séparez les fils sur environ 2". Dénudez-les sur 3/4". Enlevez le boîtier de la nouvelle fiche.

Boîtier

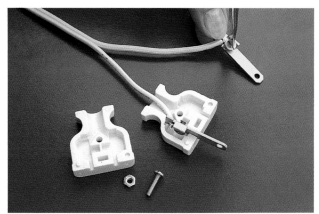

2 Accrochez les fils dans le sens des aiguilles d'une montre autour des bornes et resserrez fermement les vis. Assemblez la fiche. Certaines fiches peuvent avoir un couvercle protecteur.

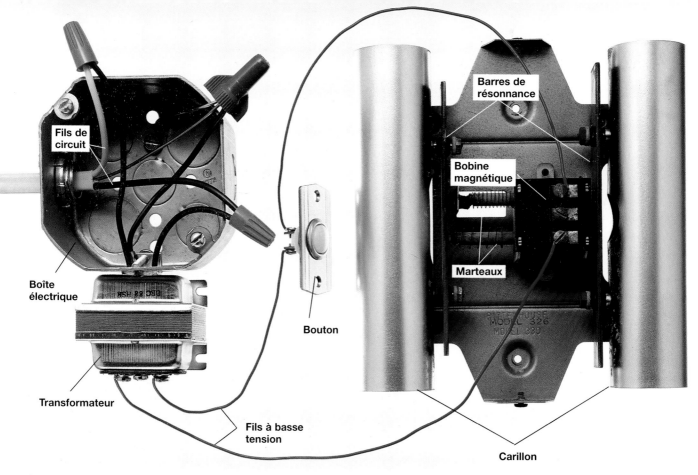

Fils de circuit

Boîte électrique

Transformateur

Fils à basse tension

Bouton

Barres de résonnance

Bobine magnétique

Marteaux

Carillon

Les carillons domestiques sont alimentés par un transformateur qui réduit la tension de 120 volts à moins de 20 volts. Le courant circule entre le carillon et un ou plusieurs boutons qui y sont branchés. Quand un bouton est déclenché, la bobine magnétique à l'intérieur du carillon actionne un marteau qui va frapper la barre de résonnance.

Réparer et remplacer les sonnettes de porte

Dans ce domaine les problèmes proviennent généralement de connexions lâches ou d'un interrupteur usé. Réparer ces éléments est l'affaire de quelques minutes. La sonnette peut également connaître des problèmes de fonctionnement si le carillon est sale ou usé ou encore si le transformateur de basse tension a grillé. Ces pièces se remplacent facilement. Les sonnettes fonctionnant à très basse tension, les interrupteurs et le carillon peuvent être réparés sans couper le courant. Toutefois, il faudra le couper au tableau de distribution si vous remplacez le transformateur.

La plupart des installations comportent d'autres transformateurs de basse tension en plus de celui du carillon. Ceux-là contrôlent les thermostats du chauffage/climatisation ou toute autre installation à basse tension. Quand vous vérifiez ou réparez la sonnette, il est important d'identifier le bon transformateur. Celui de la sonnette est de 20 volts ou moins. Son calibre est inscrit sur l'avant du transformateur et celui de la sonnette est souvent installé à proximité du tableau de distribution ou directement sur le tableau.

Le transformateur qui contrôle les thermostats de chauffage/climatisation est situé près de la fournaise et son voltage est calibré à 24 volts ou plus.

À l'occasion, un problème de sonnette peut être causé par un fil à basse tension sectionné. Pour vérifier, utilisez un vérificateur de continuité. Si la vérification est positive, les fils doivent être remplacés entre le transformateur et les boutons ou entre les boutons et le carillon. Remplacer ces fils n'est pas difficile mais peut prendre un certain temps.

Ce dont vous avez besoin :

Outils : vérificateur de continuité, tournevis, voltmètre, pince à long bec.
Matériaux : coton-tige, alcool à friction, bouton de remplacement, ruban-cache, carillon de rechange au besoin.

Vérifier une installation de sonnette

1 Enlevez les vis qui retiennent le bouton au mur.

2 Tirez delicatement le bouton pour le dégager du mur.

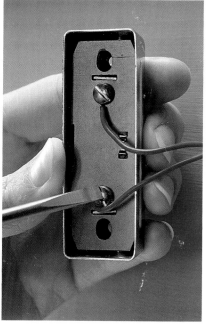

3 Vérifiez le branchement des fils au bouton. S'ils sont lâches, resserrez-les. Essayez le carillon. S'il ne fonctionne pas, débranchez le bouton et vérifiez-en le fonctionnement avec un vérificateur de continuité.

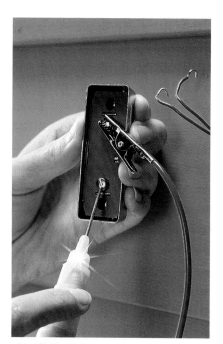

4 Vérifiez le bouton en pinçant l'une des bornes avec le vérificateur et en appuyant la sonde à l'autre borne. Pressez le bouton, la lumière devrait s'allumer. Sinon, le bouton est défectueux et il doit être remplacé.

5 Torsadez temporairement les deux fils ensemble pour vérifier les autres éléments de l'installation.

Transformateur

6 Localisez le transformateur de la sonnette; vous le trouverez habituellement à proximité du tableau de distribution. Parfois, il y est même fixé ou installé sur une boîte électrique.

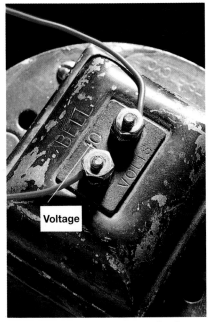

7 Identifiez le transformateur d'après son calibre. Les transformateurs de sonnette ont une puissance de 20 volts ou moins.

8 Coupez l'alimentation du transformateur au tableau de distribution. Retirez le couvercle et vérifiez s'il y a encore du courant. Resserrez les connexions lâches. Remplacez les connexions de ruban gommé par des connecteurs isolés.

9 Vérifiez les connexions des fils à basse tension et resserrez celles qui sont lâches. Rétablissez le courant au tableau de distribution.

10 Réglez le voltmètre à 50 volts (CA)

11 Appuyez les sondes du voltmètre sur les bornes du transformateur.

12 Si le transformateur fonctionne convenablement, le voltmètre indiquera un voltage, de plus ou moins 2 volts, du calibre du transformateur. Si ce n'est pas le cas, il faut le remplacer.

13 Enlevez le couvercle de la sonnette.

14 Verifiez l'état des connexions et resserrez-les au besoin.

15 Vérifiez si le carillon reçoit le courant approprié avec un voltmètre réglé à 50 volts (CA). Appuyez les sondes sur les bornes identifiées TRANSFORMATEUR (TRANS) et FRONT.

16 Si le voltmètre indique un voltage de plus ou moins 2 volts du calibre du tansformateur, le carillon reçoit un courant adéquat. Si le voltmètre indique qu'il y a peu ou pas de courant, les fils sont défectueux et il faut remplacer l'appareil.

17 Au besoin, répétez l'opération pour la porte arrière. Appuyez les sondes sur TRANS et REAR. Voir les indications à l'étape 16.

Marteaux

18 Nettoyez les marteaux du carillon avec des coton-tige trempés dans l'alcool à friction. Replacez les boutons et faites un essai. Si le carillon ne fonctionne pas, il est défectueux et il doit être remplacé.

Remplacer un bouton de sonnette

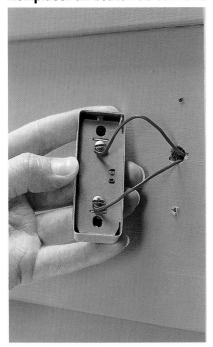  

1 Enlever le bouton en retirant les vis et en le dégageant du mur.

2 Débranchez les fils et collez-les au mur pour qu'ils ne glissent pas dans l'ouverture. Branchez les fils aux bornes à vis du nouveau bouton. Les fils peuvent être branchés indifféremment à l'une ou l'autre des bornes.

3 Fixez le bouton au mur avec des vis.

Remplacer un carillon

1 Coupez le courant au tableau de distribution. Retirez le couvercle.

2 Avec du ruban-cache, identifiez les fils de basse tension FRONT REAR, TRANS pour indiquer leurs bornes respectives. Débranchez les fils.

3 Retirez les vis de montage et enlevez le vieux carillon.

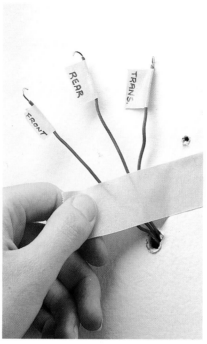

4 Collez les fils au mur pour les empêcher de glisser dans l'ouverture.

5 Achetez un nouveau carillon ayant le même voltage que l'ancien. Passez les fils par l'arrière de la base du nouveau dispositif.

6 Fixez le nouveau carillon au mur avec les vis de montage.

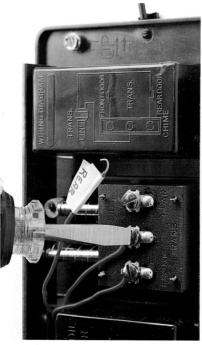

7 Branchez les fils à leur borne respective.

8 Replacez le couvercle et rétablissez le courant au tableau de distribution.

Les thermostats électroniques programmables peuvent être réglés pour assumer plusieurs changements de température chaque jour. ils sont offerts en version «à basse tension» (à gauche), pour les systèmes de chauffage central, et en type «circuit» pour contrôler les plinthes électriques dans chaque pièce. La plupart comportent une pile pour sauvegarder les réglages lors d'une panne électrique.

Réparer et remplacer les thermostats

Un thermostat est un interrupteur thermosensitif qui contrôle automatiquement les appareils de chauffage et de climatisation. Il existe deux types de thermostats. Les thermostats à basse tension qui contrôlent les systèmes de chauffage central et les thermostat de circuit qui sont utilisés pour les installations divisées où chaque pièce possède son élément de chauffage et son thermostat.

Un thermostat à basse tension est alimenté par un transformateur qui réduit le courant de 120 volts à 24 volts. Ces thermostats durent longtemps, mais ils peuvent être défectueux si les connexions deviennent lâches ou encrassées, si les pièces du dispositif sont attaquées par la corrosion ou si le transformateur est trop usé. Certaines installations possèdent deux transformateurs, l'un pour le chauffage et l'autre pour la climatisation.

Les thermostats de circuit sont alimentés par le même courant que l'élément de chauffage, habituellement un circuit de 240 volts. Coupez toujours l'alimentation électrique avant de travailler sur des thermostats de circuit.

Un thermostat peut être remplacé en une heure environ. Plusieurs propriétaires choisissent de remplacer les thermostats à basse tension ou de circuit par des thermostats électroniques programmables. Ces derniers peuvent faire réaliser des économies de l'ordre de 35%.

Quand vous achetez un nouveau thermostat, assurez-vous de sa compatibilité avec votre équipement de chauffage/climatisation. Notez la marque et le numéro de modèle du vieux thermostat et de votre équipement. Si vous achetez un thermostat à basse tension, choisissez un dispositif ayant un voltage et un ampérage identiques à l'ancien.

Ce dont vous avez besoin :

Outils : pinceau à poils doux, voltmètre, tournevis, pince universelle, vérificateur de circuit, vérificateur de continuité.
Matériaux : ruban-cache, courte longueur de fil.

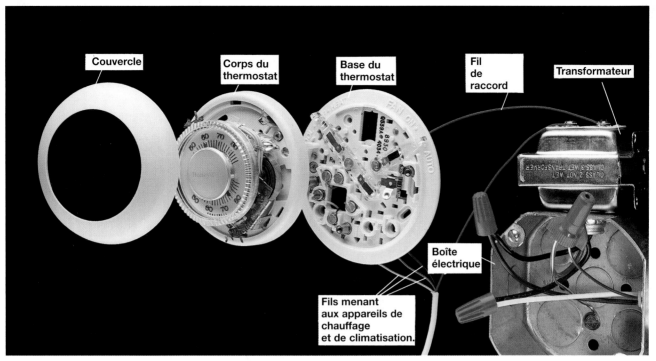

Les installations avec thermostat à basse tension comportent un transformateur qui peut être branché à une boîte électrique ou encore dans le panneau d'accès de la fournaise. Ce sont des fils très minces qui apportent le courant vers le thermostat. Celui-ci surveille constamment la température de la pièce et envoie des signaux électriques à l'appareil de chauffage au moyen de fils supplémentaires. Le nombre de fils branchés au thermostat peut varier de deux à six, selon le type d'appareil. Dans un système à quatre fils, tel qu'illustré, le courant est fourni au thermostat par un fil unique branché à la borne R. Les fils attachés aux autres bornes relaient les signaux à la fournaise, à l'appareil de climatisation et au ventilateur. Avant d'enlever un thermostat, assurez-vous de bien identifier les fils.

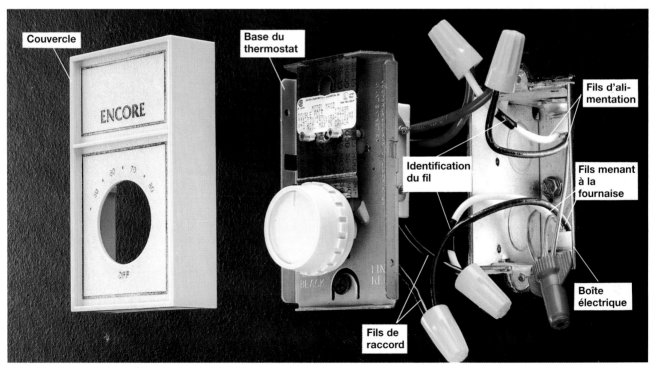

Les thermostats branchés sur le circuit des plinthes chauffantes de 240 volts comportent généralement quatre fils, mais certains modèles n'en ont que deux. Dans une installation à quatre fils, les deux fils rouges (identifiés par LINE ou L) sont branchés aux deux fils d'alimentation qui viennent du tableau de distribution. Les fils de raccords noirs (marqués LOAD) sont branchés aux fils de circuit qui alimentent la fournaise.

Inspecter et vérifier les thermostats à basse tension

Couvercle

1 Coupez l'alimentation de la fournaise au tableau de distribution. Retirez le couvercle.

2 Dépoussiérez les pièces du thermostat avec un pinceau à poils doux.

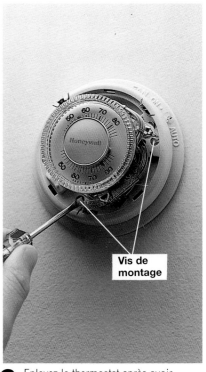

Vis de montage

3 Enlevez le thermostat après avoir retiré les vis de montage.

Base du thermostat

4 Vérifiez toutes les connexions à la base du thermostat. Si certains fils sont brisés ou corrodés, ils devront être raccourcis et rebranchés.

5 Trouvez le transformateur qui alimente le thermostat. Il se trouve généralement près de la fournaise ou encore dans le panneau d'accès de celle-ci. Resserrez les fils lâches.

6 Placez le contrôle du voltmètre à la position indiquant 50 volts (CA). Ouvrez le courant vers la fournaise au tableau de distribution.

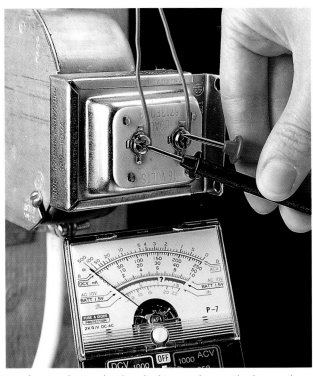

7 Appuyez les sondes du voltmètre sur chacune des bornes du transformateur. S'il n'y a pas de courant, le transformateur doit être remplacé.

8 Rétablissez le courant. Réglez le thermostat sur AUTO et HEAT.

9 Dénudez les deux extrémités d'un bout de fil isolé. Appuyez l'une des extrémités sur la borne W et l'autre sur celle marquée R. Si la fournaise fonctionne, le thermostat est défectueux et il doit être remplacé.

Installer un thermostat électronique à basse tension

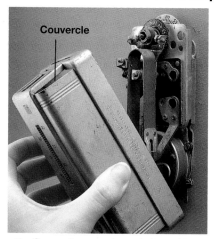

Couvercle

1 Coupez le courant vers la fournaise au tableau de distribution. Enlevez le couvercle du thermostat.

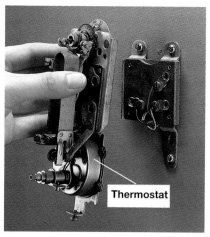

Thermostat

2 Enlevez les vis de montage et retirez le corps du thermostat.

3 Identifiez les fils à basse tension avec du ruban-cache pour savoir à quelles bornes les brancher.

4 Enlevez la base du thermostat en dévissant les vis de montage. Collez les fils sur le mur avec un ruban gommé pour qu'ils ne glissent pas dans l'ouverture.

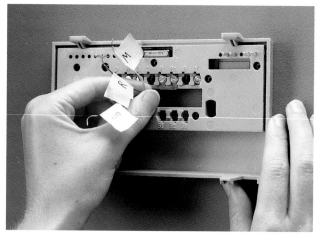

5 Passez les fils à basse tension derrière la base du nouveau thermostat. Vissez la base au mur.

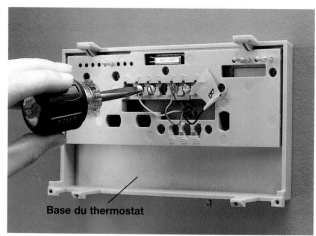

Base du thermostat

6 Branchez les fils à basse tension à la base du thermostat. Suivez les indications du fabricant.

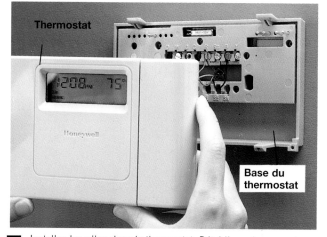

Thermostat

Base du thermostat

7 Installez les piles dans le thermostat. Rétablissez le courant et programmez le thermostat.

Remplacer un transformateur à basse tension

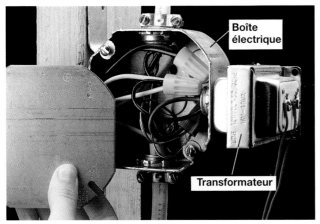

1 Coupez le courant de la fournaise au tableau de distribution. Retirez le couvercle de la boîte électrique du transformateur.

Boîte électrique

Transformateur

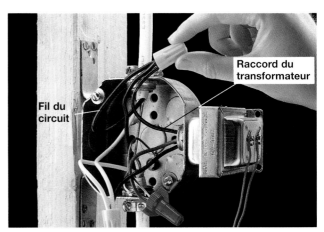

2 Enlevez soigneusement le connecteur reliant le fil noir du circuit au fil de raccord du transformateur. Ne touchez pas aux fils.

Raccord du transformateur

Fil du circuit

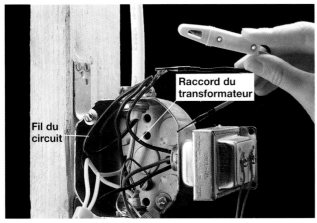

3 Vérifiez s'il y a du courant en appuyant l'une des sondes du vérificateur de circuit à la boîte mise à la terre et l'autre aux fils exposés. Enlevez le connecteur des fils blancs et répétez l'opération. Le vérificateur ne doit s'allumer dans aucun des deux cas. S'il le fait, coupez le bon circuit au tableau de distribution.

Raccord du transformateur

Fil du circuit

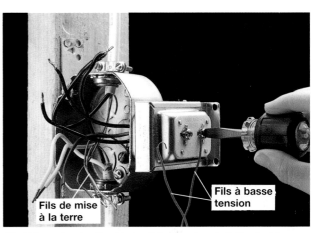

4 Débranchez les fils de mise à la terre dans la boîte électrique, puis ceux à basse tension branchés aux bornes du transformateur. Dévissez le support de montage du transformateur dans la boîte et retirez le transformateur. Achetez-en un nouveau ayant les mêmes caractéristiques.

Fils à basse tension

Fils de mise à la terre

5 Fixez le nouveau transformateur à la boîte. Rebranchez les fils du circuit et ceux de mise à la terre.

Raccord de mise à la terre

Fil de mise à la terre du circuit

6 Branchez les fils de basse tension au transformateur et remettez le couvercle. Rétablissez le courant.

Vérifier et remplacer un thermostat sur circuit

1 Coupez le courant au tableau de distribution. Retirez le couvercle.

2 Enlevez les vis de montage et retirez délicatement le thermostat de sa boîte.

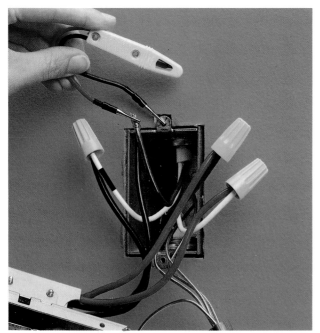

3 Dévissez un connecteur. Vérifiez le courant en appuyant une sonde du vérificateur de circuit sur la boîte mise 1 et l'autre sur les fils exposés. Le vérificateur ne devrait pas s'allumer. Essayez sur les autres connexions. Si le vérificateur s'allume, c'est qu'il y a du courant; il faut alors couper le bon circuit.

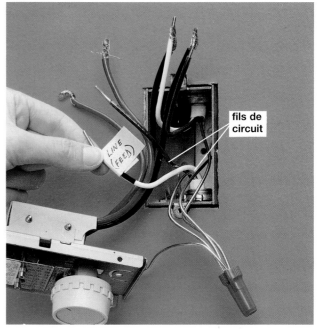

4 Identifiez les deux fils de circuit qui sont branchés aux bornes marquées LINE. Ces fils sont souvent rouges. Les fils branchés aux raccords menant aux bornes LEAD amènent le courant dans la boîte et ce sont les fils d'alimentation. Identifiez-les avant de les débrancher.

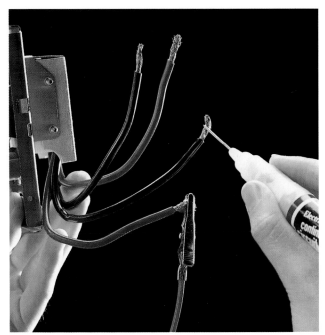

5 Vérifiez le thermostat en attachant la mâchoire d'un vérificateur de continuité à l'un des fils de raccord rouges et appuyez la sonde sur l'un des fils noirs du même côté du thermostat. Faites passer la température alternativement de HIGH à LOW. Le vérificateur devrait s'allumer dans les deux positions. Répétez l'opération avec une autre paire de fils. Si le thermostat ne s'allume pas dans les deux positions, il faut le remplacer.

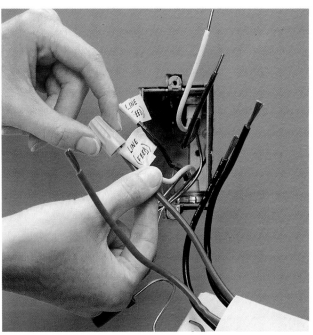

6 Remplacez le thermostat par un modèle similaire, c'est-à-dire ayant le même voltage et le même ampérage. Branchez les fils d'alimentation aux bornes identifiées LINE.

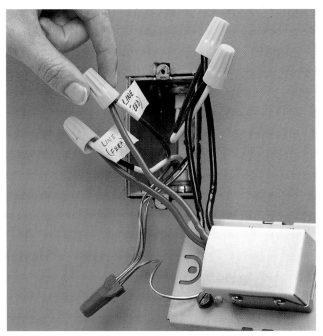

7 À l'aide de connecteurs, branchez les autres fils aux bornes identifiées LEAD. Assemblez les fils de mise à la terre avec un connecteur.

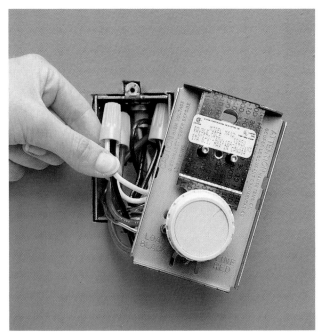

8 Repoussez délicatement les fils dans la boîte et mettez le thermostat en place. Rétablissez le courant. Programmez le thermostat au besoin.

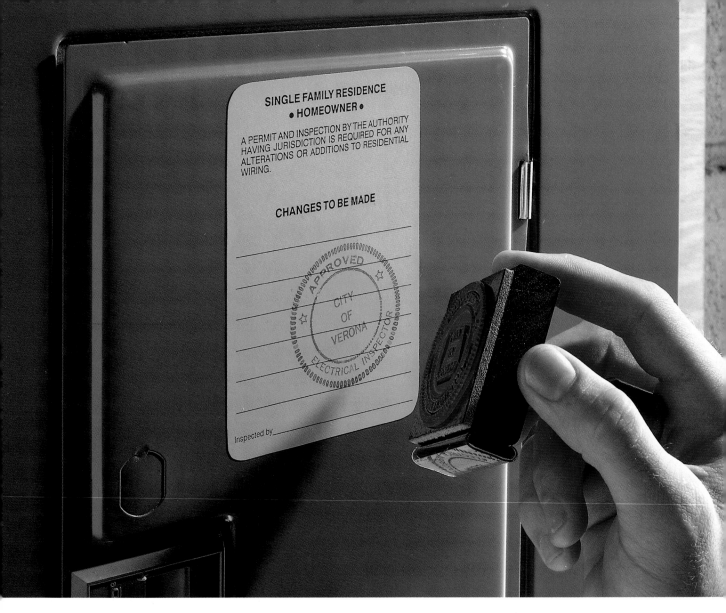

Le bloc-notes de l'inspecteur

Si un inspecteur-électricien vous rend visite, il est probable qu'il décèlera un certain nombre d'accrocs au Code de l'électricité. Ces «problèmes» ne sont pas nécessairement urgents et il se peut très bien que votre installation électrique ait très bien fonctionné pendant plusieurs années.

Quoi qu'il en soit, les câbles et les appareils non conformes au Code peuvent devenir une source de problèmes et constituer un risque. De plus, une installation déficiente peut présenter un handicap lorsque vous souhaiterez vendre votre maison.

Au Québec, la plupart des localités souscrivent au Code du bâtiment du ministère du Travail. Il est toutefois recommandé de s'enquérir auprès de votre municipalité des règlements qui peuvent avoir été ajoutés.

Les inspecteurs sont tenus de connaître tous les règlements et si vous avez des questions ils se feront un plaisir d'y répondre.

Ce chapitre ne prétend pas faire le tour de la question, mais seulement identifier les problèmes les plus courants et les solutions parfois très simples pour y remédier. Lorsque vous effectuez des travaux à la maison, référez-vous à ce chapitre pour éviter les écueils.

Inspection du tableau de distribution

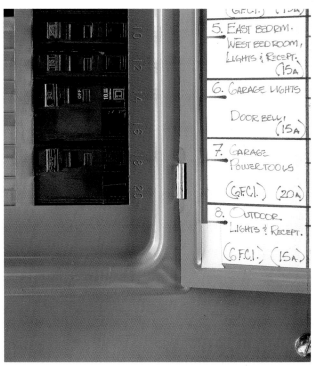

Problème : vous trouvez de la rouille à l'intérieur du tableau de distribution. Elle est probablement causée par l'eau s'infiltrant dans l'ouverture de service jusqu'au tableau.

Solution : demandez à un électricien d'inspecter le panneau et l'ouverture de service. Si le tableau ou le câblage d'alimentation a subi des dommages, il faut le remplacer.

Vérifier le relais de mise à la terre

Problème : il n'y a pas de fil de relais à l'installation de mise à la terre ou il est débranché. Dans plusieurs maisons, il y a un fil de relais branché aux tuyaux de chaque côté du compteur d'eau. Le cheminement de mise à la terre étant interrompu, la situation est potentiellement dangereuse et il faut la corriger immédiatement.

Solution : avec des brides à tuyaux, branchez un fil de relais de mise à la terre de part et d'autre du compteur d'eau. Utilisez un fil de cuivre dénudé n° 6 ou n° 4.

Problèmes courants du câblage

Problème : les câbles courant sur les solives ou les montants sont fixés sur le bord des madriers. Le Code électrique interdit une telle pratique dans les endroits exposés, comme les sous-sols non finis ou les greniers.

Solution : protégez les câbles en perçant des trous dans les madriers à au moins 2" du bord et passez-y les fils.

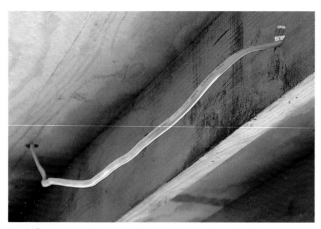

Problème : un câble court le long d'une solive et flotte dans les airs. Il pourrait être tiré accidentellement et être endommagé.

Solution : avec des attaches de plastique, ancrez les câbles sur la solive à au moins 1 1/4" du bord. Les câbles NM (non métalliques) devraient être attachés tous les 4 1/2" et à moins de 12" des boîtes électriques.

Câble vu en coupe

Problème : lors de travaux de rénovation, les câbles courant dans les solives et les montants près des bords peuvent être endommagés par les clous.

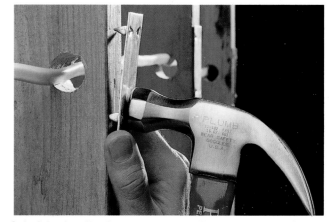

Solution : installez des protecteurs métalliques pour les fils. On les trouve dans toutes les quincailleries.

Problème : un câble entre sans serre-fils dans une boîte électrique. À la longue, les rebords des ouvertures peuvent endommager les fils. (Note : dans le cas de boîtes de plastique, les serre-fils ne sont pas nécessaires si les câbles sont fixés à moins de 12" de la boîte.)

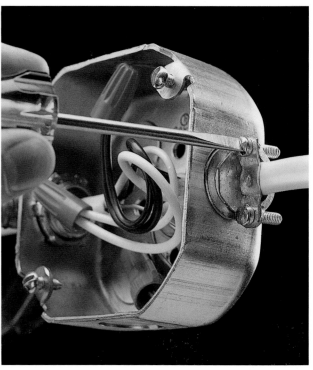

Solution : ancrez les câbles à la boîte électrique à l'aide de serre-fils. Il existe plusieurs types de serre-fils vendus dans les quincailleries et les centres de rénovation.

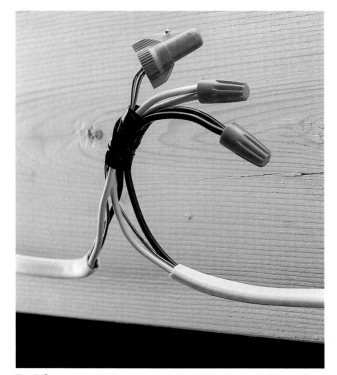

Problème : les câbles sont connectés ensemble hors d'une boîte électrique. Des connexions dénudées peuvent produire des étincelles et provoquer un incendie.

Solution : rendez votre installation électrique conforme au Code en plaçant toutes les connexions dans des boîtes électriques. Vérifiez si la boîte est assez grande pour contenir tous les câbles.

Vérifier les connexions

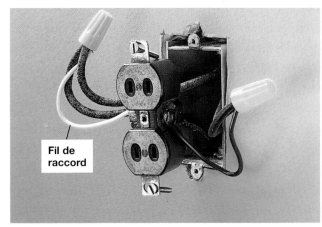

Problème : deux ou plusieurs fils sont branchés à une seule borne. Ceci est fréquent dans les anciennes installations. Elles sont prohibées par le Code.

Solution : débranchez les fils de la borne et joignez-les avec un fil de raccord (queue de cochon) et des connecteurs. Branchez l'autre extrémité du fil de raccord à la borne.

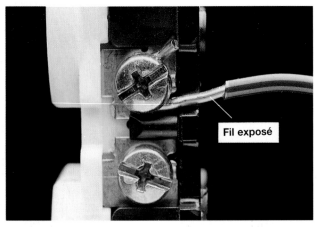

Fil exposé

Problème : le fil est dénudé hors de la borne à vis. Un fil ainsi exposé peut causer un court-circuit s'il touche la boîte ou un autre fil du circuit.

Solution : coupez le fil et rebranchez-le à la borne. Dans une connexion bien faite, le fil dénudé s'enroule autour de la borne et l'isolant de plastique touche la tête de la vis.

Problème : les fils sont joints avec du ruban gommé pour électricien. Ce ruban se détériore avec le temps et peut laisser les connexions exposées.

Solution : remplacez le ruban par des connecteurs isolés. Vous devrez peut-être couper légèrement l'extrémité des fils pour ne pas laisser de parties dénudées.

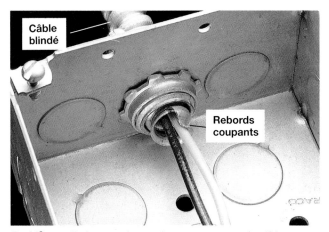

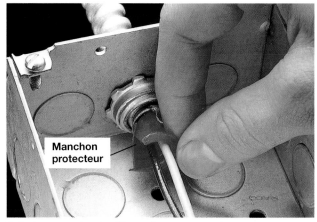

Problème : il n'y a pas de manchon protecteur sur le câble blindé. Les rebords coupants de l'enveloppe peuvent endommager la gaine des fils créant ainsi un risque d'incendie.

Solution : protégez les fils en plaçant un manchon protecteur autour. Ces manchons se trouvent dans les quincailleries. Les fils endommagés doivent être remplacés.

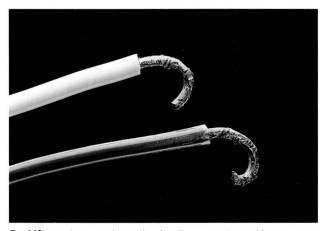

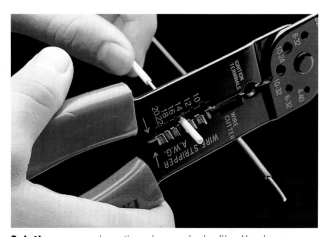

Problème : les encoches et les égratignures entravent la circulation du courant. Dans ce cas, les fils peuvent surchauffer.

Solution : coupez la partie endommagée des fils, dénudez-en 3/4" et rebranchez-les aux bornes.

Problème : l'isolant des fils est fendu ou endommagé. Si les fils sont exposés, ils peuvent causer un court-circuit.

Solution : enveloppez temporairement les fils avec du ruban gommé. Les fils de circuit endommagés doivent être remplacés par un électricien.

Inspection des boîtes électriques

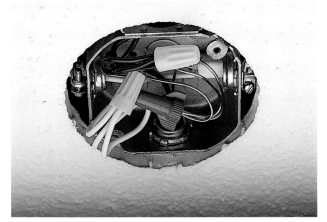

Problème : une boîte électrique béante présente un risque d'incendie, si un court-circuit provoquait une étincelle à l'interieur.

Solution : installez un couvercle métallique sur la boîte. Ils sont vendus en quincaillerie. Les boîtes électriques doivent demeurer accessibles et ne peuvent être encastrées dans un mur.

Problème : les fils trop courts sont difficiles à manipuler. Le Code exige que les fils aient au moins 6" de long pour permettre une bonne manipulation.

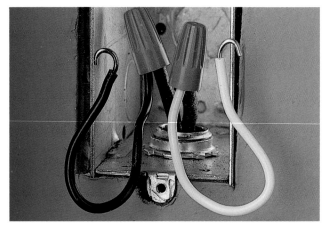

Solution : allongez les fils en leur adjoignant des fils de raccords en utilisant des connecteurs. Ces fils doivent être du même calibre et de la même couleur que les fils du circuit.

Problème : les boîtes encastrées dans le mur constituent un risque, surtout si le revêtement est inflammable. Le Code interdit ce type d'installation.

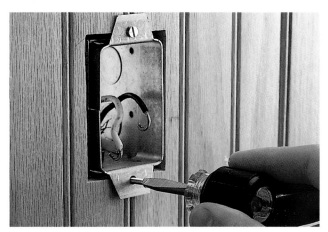

Solution : installez une languette pour que la boîte affleure le mur. Ces languettes sont vendues en différents formats dans les quincailleries.

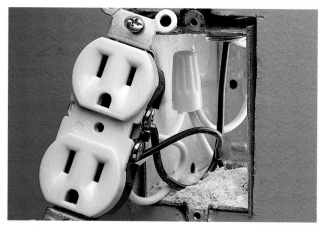

Problème : la poussière et la saleté dans une boîte électrique peuvent causer un court-circuit dû à la résistance. A l'occasion, vérifiez la présence de saleté dans les boîtes.

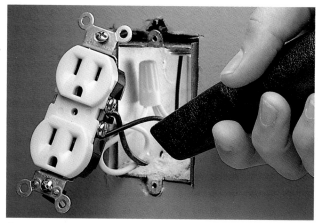

Solution : aspirez les saletés avec un aspirateur muni d'un embout étroit. Coupez le courant au tableau principal avant de procéder au nettoyage.

Problème : l'encombrement des boîtes électriques par un trop grand nombre de fils rend les réparations difficiles. Ce type d'installation est interdit car les fils peuvent être endommagés lors de l'installation d'une prise ou d'un interrupteur.

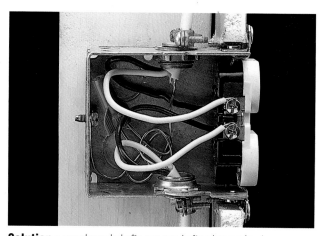

Solution : remplacez la boîte par une boîte plus profonde.

Problème : le plafonnier est installé sans boîte. Cette installation expose les connexions et n'offre pas de support à la lampe.

Solution : installez une boîte électrique pour contenir les connexions et soutenir l'appareil d'éclairage.

Problèmes courants des cordons

Problème : le cordon de la lampe ou de l'appareil passe sous un tapis. La circulation peut endommager l'isolant et causer un court-circuit.

Solution : déplacez la lampe ou l'appareil afin de libérer le cordon. Remplacez les cordons endommagés.

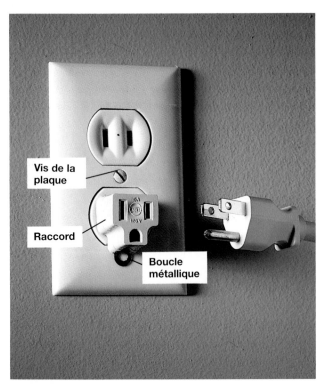

Vis de la plaque

Raccord

Boucle métallique

Problème : les fiches à trois branches n'entrent pas dans les prises à deux branches. N'utilisez jamais un raccord sans que sa boucle métallique soit mise à la terre par la vis de la plaque. Cela dit, ce type de dispositif est interdit par le Code.

Prise de fuite à la terre

Solution : installez une prise avec mise à la terre s'il y a possibilité de mise à la terre dans la boîte. Installez des prises de fuite à la terre (GFCI) dans les cuisines et les salles d'eau ou si la boîte n'est pas mise à la terre.

Problème : la fiche de la lampe ou de l'appareil est fendue ou encore le fil est friable près de la fiche. Les fils et les fiches usés constituent un risque d'incendie.

Solution : coupez la partie endommagée du fil et installez une nouvelle fiche. Un grand choix de fiches est offert en quincaillerie.

Problème : la rallonge est trop faible pour le courant exigé par l'appareil ou l'outil et peut surchauffer, faisant fondre l'isolant et exposant les fils.

Solution : utilisez une rallonge qui égale ou excède l'ampérage et la puissance en watts de l'appareil. Les rallonges sont des installations temporaires et ne devraient pas être utilisées en permanence.

Vérifier les interrupteurs et les prises

Problème : les prises multiples utilisées en permanence peuvent surcharger le circuit et provoquer une surchauffe.

Solution : utilisez une barre d'alimentation avec un protecteur de surcharge intégré. Cela n'étant qu'une solution temporaire, augmentez la capacité de l'installation électrique au besoin.

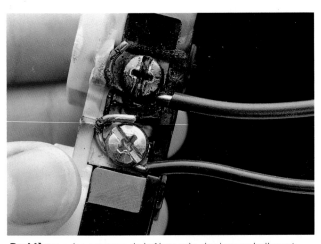

Problème : des marques de brûlure près des bornes indiquent qu'il y a eu un arc électrique. Cela survient surtout quand les connexions sont lâches.

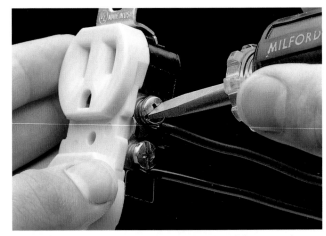

Solution : nettoyez les fils avec du papier abrasif fin et remplacez la prise si elle est endommagée. Vérifiez la solidité des connexions.

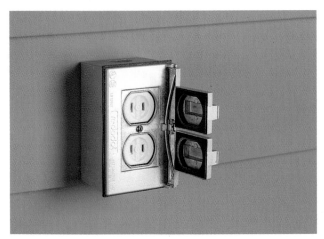

Problème : les prises à deux fentes installées à l'extérieur sont dangereuses car elles ne sont pas mises à la terre. Dans le cas d'un court-circuit, une personne branchant le cordon devient le conducteur du courant qui retourne à la terre.

Solution : installez une prise de fuite à la terre (OFCI). Les Codes exigent leur utilisation à l'extérieur ainsi que dans les salles d'eau, les cuisines et les sous-sols.

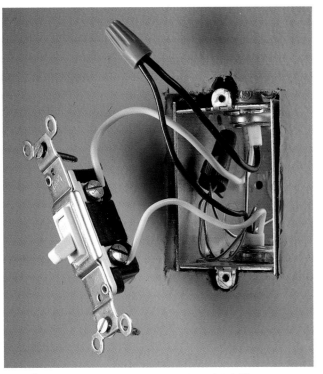

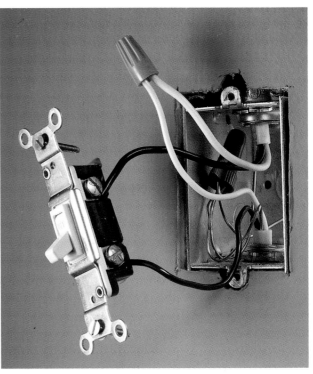

Problème : les fils neutres blancs sont branchés à l'interrupteur. Même si cela semble bien fonctionner, il y a danger car l'appareil reçoit du courant même si l'interrupteur est fermé.

Solution : branchez les fils thermiques noirs à l'interrupteur et joignez les fils neutres blancs avec un connecteur.

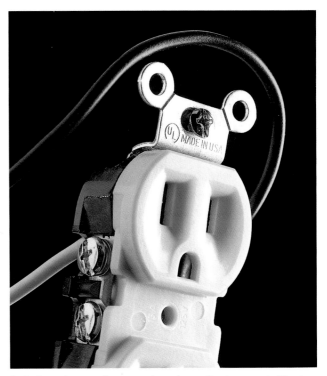

Problème : le fil neutre blanc est branché à la borne cuivrée de la prise tandis que le fil thermique noir l'est à la borne argentée. Il y a danger, car le courant circule dans la longue fente neutre de la prise.

Solution : inversez les connexions de manière à ce que le fil noir soit branché a la borne cuivrée et le fil blanc à la borne argentée. Le courant circule maintenant dans la fente courte de la prise.

Évaluer le vieux câblage

Si le câblage de votre installation électrique date de plus de trente ans, il se peut que des problèmes liés à l'âge apparaissent. Plusieurs d'entre-eux peuvent être identifiés facilement en recherchant des connexions sales, des traces de brûlures causées par un arc électrique, des dommages à la gaine des fils comme le fendillement ou l'accumulation de saleté.

Il est toutefois difficile de repérer les problèmes de câblage à l'intérieur des murs. Si les vieux câbles sont poussiéreux ou leur gaine124 endommagée, ils peuvent perdre du courant. L'importance de ces «fuites» est minime si elles ne déclenchent pas de disjoncteur. Cependant, la consommation d'électricité en souffre, de même que la fuite d'un robinet gaspille l'eau.

Ce type de fuite est connu sous le nom de court-circuit à haute tension et peut produire de la chaleur, ce qui est un facteur de risque d'incendie.

Il est possible de détecter ce type de court-circuit avec votre compteur électrique en testant tous les circuits. Il s'agit de trouver s'il y a consommation d'électricité même si aucun appareil ni lampe n'est branché. Pour réaliser cet examen, ouvrez tous les interrupteurs pour activer les fils thermiques. Vous empêchez ensuite la consommation électrique en enlevant toutes les ampoules et les tubes fluorescents et en débranchant les lampes et les appareils.

Examinez ensuite le compteur qui se trouve généralement à l'extérieur près de l'ouverture de service électrique. Si la roulette tourne, c'est qu'il y a un court-circuit à haute tension qui provoque une fuite quelque part. Ce genre de court-circuit consomme très peu d'électricité, c'est pourquoi il faut surveiller la roulette durant une bonne minute pour détecter tout mouvement.

Si l'essai est concluant, faites appel à un électricien.

Ce dont vous avez besoin :

Outils : tournevis.
Matériaux : connecteurs, ruban-cache, crayon.

Détecter la présence d'un court-circuit à haute tension

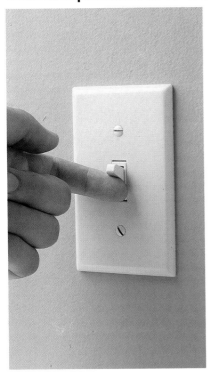

1 Ouvrez tous les interrupteurs. Rappelez-vous d'allumer toutes les lumières, dans les placards comme à l'extérieur.

2 Empêchez toute consommation d'électricité en enlevant les ampoules et les tubes fluorescents. Fermez tous les thermostats.

3 Débranchez les lampes et les appareils.

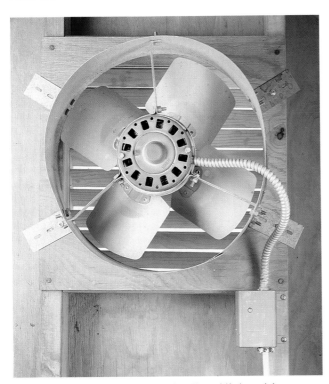

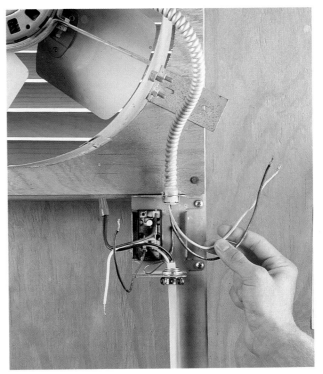

4 Coupez l'alimentation de tous les dispositifs branchés en permanence en déclenchant les disjoncteurs appropriés ou en retirant les fusibles au tableau de distribution. Il s'agit souvent des ventilateurs de grenier et de plafonds, des chauffe-eau et des ouvre-portes de garage.

5 Une fois le courant coupé, débranchez les fils de circuit de tous les appareils branchés on permanence. Recouvrez l'extrémité des fils avec des connecteurs. Rétablissez ensuite le courant et assurez-vous que tous les interrupteurs sont ouverts.

6 Regardez la roulette du compteur électrique durant une bonne minute. Si elle ne se déplace pas, votre câblage est en bonne condition. Si elle tourne, c'est qu'il y a un court-circuit à haute tension dans l'installation.

7 Coupez le courant sur tous les circuits au tableau principal en faisant basculer les disjoncteurs ou en enlevant les fusibles. Ne fermez pas le disjoncteur principal. Regardez la roulette du compteur. Si elle tourne, le court-circuit se trouve dans le tableau de distribution ou dans les câbles d'alimentation. Dans ce cas, appelez un électricien. Sinon, passez à l'étape 8.

8 Rétablissez les circuits individuels, un à un en actionnant le disjoncteur ou en replaçant le fusible. Regardez la roulette pour détecter un mouvement. Si elle ne tourne pas, le circuit est en bonne condition. Coupez l'alimentation de ce circuit et passez au suivant.

9 Si la roulette tourne, identifiez le circuit fautif avec un ruban-cache. Coupez le courant et passez à un autre circuit.

10 Si le circuit comporte des interrupteurs à trois ou à quatre voies, basculez les leviers de chaque interrupteur un à un. Vérifiez le mouvement de la roulette après avoir basculé chacun des leviers.

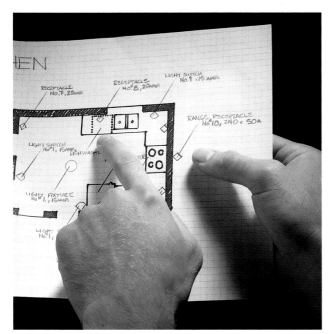

11 Pour chaque circuit défectueux, identifiez les appareils, les lumières, les interrupteurs, les prises et les boîtes de dérivation du circuit. Utilisez le plan de votre installation électrique pour vous y retrouver.

12 Vérifiez de nouveau tous les appareils et les lampes se trouvant sur les circuits défectueux pour vous assurer qu'ils ne consomment pas d'électricité. S'ils en consomment, débranchez-les et refaites les essais.

13 Inspectez les boîtes électriques qui se trouvent sur les circuits défectueux pour déceler les connexions sales, l'accumulation de saleté ou les traces de brûlures.

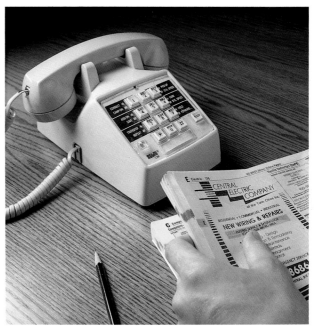

14 S'il n'y a pas de problème dans les boîtes, c'est que le court-circuit se trouve à l'intérieur des murs. Dans ce cas appelez un électricien.

Index

Conversion au système impérial

Kilogramme (kg)	Livres	2,20
Litre (L)	Gallon impérial	0,21
Litre (L)	Gallon américain	0,264
Mètres (m)	Pieds	3,28
Mètre (m)	Verge	1,09
Mètres carrés (m^2)	Pieds carrés	10,76
Mètre carré (m^2)	Verge carrée	1,195
Mètres cubes (m^3)	Pieds cubes	35,31
Millimètre (mm)	Pouce	0,039

Pour convertir des degrés Celsius (C) en degrés Fahrenheit multipliez par : $(1,8 \times C) + 32$

Conversion au système métrique

Livre (lb)	Kilogramme	0,45
Verge (vg)	Mètre	0,914
Verge carrée (vg^2)	Mètre carré	0,836
Verge cube (vg^3)	Mètre cube	0,76
Pied (pi)	Mètre	0,30
Pied carré (pi^2)	Mètre carré	0,093
Pied cube (pi^3)	Mètre cube	0,028
Pouces (po)	Millimètres	25,40

Pour convertir des degrés Fahrenheit (F) en degrés Celsius multipliez par : $(F-32) \times 0,555$

Calibre des fils électriques

Calibre n°	Capacité et utilisation
6	60 ampères, 240 volts : fournaises et climatiseur central
8	40 ampères, 240 volts : cuisinière électrique, climatiseur central
10	30 ampères, 240 volts : climatiseur de fenêtre, sécheuse
12	20 ampères, 120 volts : lampes, prises, four à micro-ondes
14	15 ampères, 120 volts : lampes, prises
16	Rallonges électriques pour appareils légers
18 à 22	Thermostats, carillons, système antivol

NOTE : plus le numéro du fil est petit, plus le fil est gros.

Couleur des fils électriques

Couleur	Fonction
Blanc	Fil neutre transportant le courant sans voltage
Noir ou rouge	Fil vivant (thermique) transportant le courant plein voltage
Blanc, marques noires	Fil vivant (thermique) transportant le courant plein voltage
Vert	Fil de mise à la terre
Cuivre dénudé	Fil de mise à la terre

Les clous

CLOUS COMMUNS

Numéro	Longueur	Quantité par lb
2	1"	845
3	1 1/4"	542
4	1 1/2"	290
5	1 3/4"	250
6	2"	165
7	2 1/4"	150
8	2 1/2"	100
9	2 3/4"	90
10	3"	65
12	3 1/4"	60
16	3 1/2"	45
20	4"	30

CLOUS DE FINITION

Numéro	Longueur	Quantité par lb
3	1 1/4"	880
4	1 1/2"	630
6	2"	290
8	2 1/2"	195
10	3"	125

CLOUS À BOISERIES

Numéro	Longueur	Quantité par lb
4	1 1/2"	490
6	2"	245
8	2 1/2"	145
10	3"	95
16	3 1/2"	70

Dimensions nominales et réelles

Nominales	Réelles
1" x 4"	3/4" x 3 1/2"
1" x 6"	3/4" x 5 1/2"
1" x 8"	3/4" x 7 1/2"
2" x 4"	1 1/2" x 3 1/2"
2" x 6"	1 1/2" x 5 1/2"
2" x 8"	1 1/2" x 7 1/2"